論壇 10

中文版

ECFA and the Strategic Alliance among
Taiwanese and Japanese Entrepreneurs：
Experiences, Cases and Prospects

ECFA與台日商策略聯盟
經驗、案例與展望
菁英觀點與訪談實錄

◎尹啓銘 ◎王珍一 ◎王純健 ◎末永明 ◎朱 炎 ◎李富山
◎岡崎英人 ◎林祖嘉 ◎金堅敏 ◎根橋玲子 ◎高 寬 ◎張紀潯
◎陳子昂 ◎詹清輝 ◎劉仁傑 ◎蔡錫勳 ◎鄭惠鈺 ◎藤原弘

林祖嘉 陳德昇 主編

編者序

　　政治大學於今年4月舉辦「台日商策略聯盟與拓展大陸內需市場：經驗、案例與實務」研討會，本書是相關論文觀點和訪談紀要的匯編。這次會議除推動台日雙方產官學界之議題研討，並透過學術交流與對話，發揮集思廣益的效果。此外，本次會議著重探討ECFA（Economic Cooperation Framework Agreement）與台日商策略聯盟之互動關係，故以此作為本書書名。

　　本書亦收集台日商策略聯盟的實務案例。其中既有成功因素與運作機制的探討，亦有失敗成因的檢視。尤其是現階段服務業與新興產業之台日商合作新模式，以及進軍大陸內需市場可能存在之挑戰和風險，亦是本書關照的重點。

　　知識、專業與經驗的分享，始終是吾人學術參與的志向。儘管在研討會「上游」（準備工作）與中游（學術研討），皆頗費心力，但我們更重視「下游」（文獻積累與出版）工作的落實，期能讓產官學與社會各界有更完整的資訊共享。此外，這次我們以更通俗與口語化呈現研討成果，增加可讀性，也是我們對學術議題推廣的新嘗試。

　　本書出版特別感謝作者提供的觀點、案例與訪談紀要。另外，陳湘菱小姐與黃奕鳴同學的熱心校正，皆使本書得以順利出版，在此再次表達謝意。

林祖嘉、陳德昇

2011年8月30日

目　錄

（三）跨國策略聯盟經驗與案例

作者簡介（按姓氏筆畫排序）

尹啟銘

國立政治大學企業管理學博士，現任行政院政務委員。主要研究專長為：產業政策、策略管理。

王珍一

國立中山大學大陸經貿研究所博士，現任旺旺集團公關委員會特助。主要研究專長為：國際企業管理、跨國企業談判、國際財務管理及會計。

王純健

泰北高中畢業，現任崇越電通股份有限公司榮譽董事長。主要專長領域：公司治理、人際關係。

末永明

日本一橋大學社會學系學士，美國芝加哥大學商學院企管碩士，現任瑞穗實業銀行台北分行總經理。主要專長領域：銀行治理。

朱炎

日本一橋大學經濟學碩士，現任日本拓殖大學政經學部教授。主要研究專長為：中國對外經濟關係、中國企業對外投資、中國宏觀經濟分析。

李富山

日本筑波大學大學院經營・政策科學研究科碩士，現任台日商務交流協進會秘書長。主要專長領域：市場開發、貿易推廣、企業聯盟、市場調查。

岡崎英人

日本橫濱市立大學，現任一般社團法人首都圈產業活性化協會事務局長。主要專長領域：中小企業協助（產官學合作、研究開發、人材培育、海外事業拓展）。

林祖嘉

美國洛杉磯加州大學經濟學博士，現任政治大學經濟系教授。主要研究專長為：應用個體經濟學、中國大陸經濟、兩岸經貿。

金堅敏

日本橫濱國立大學國際經濟法博士，現任日本富士通總研經濟研究所主席研究員。主要研究專長為：中國經濟、產業政策和市場的發展、跨國公司戰略和中國企業的發展。

根橋玲子

日本法政大學經濟系碩士，現任財團法人對日貿易投資交流促進協會對日投資顧問。主要專長領域：投資促進。

高寬

日本國立橫濱大學經營學系，前台灣三井物產董事長。主要專

長領域：戰略性國際分工。

張紀潯

日本東京經濟大學經濟學博士，現任日本城西大學大學院・經營學院教授。主要研究專長為：國際經濟學、亞洲經濟論、中國勞動經濟學。

陳子昂

清華大學應用數學碩士，現任資策會產業情報所主任。主要研究專長為：新興產業發展評估、企業經營策略及財務規劃、總經分析及市場調查。

詹清輝

上海交通大學管理學博士，現任日本城西大學大學院經營學研究科客座教授。主要研究專長為：國際營銷、流通經濟、亞洲經濟創新理論。

劉仁傑

日本神戶大學經營學研究科博士，現任東海大學工業工程與經營資訊系教授。主要研究專長為：經營策略、精實製造與精實產品開發、產業升級與轉型、亞洲日系企業發展。

蔡錫勳

日本國立東北大學大學院經濟學研究科博士，現任淡江大學亞洲所日本組副教授。主要研究專長為：日本東亞政策、經營學。

鄭惠鈺

　　輔仁大學英國文學系學士，現任日本醫療法人珠光會理事暨台灣珠光會生技股份有限公司董事長。主要專長領域：國際交流、生技醫藥、癌症免疫、健康促進與老人保健。

藤原弘

　　關西大學法律系，現任東京中小企業投資育成（股）商務支援第一部國際商務中心所長。主要專長領域：亞洲、中國之日本企業及外國企業經營策略。

ECFA與台日商策略聯盟

尹啟銘

（行政院政務委員）

ECFA緣起

　　ECFA的緣起是在2008年，APEC會議在秘魯舉行，那時中國大陸即已表達欲簽署經濟協議的意願。2009年2月我方做成決定，進行兩岸經濟協議洽談之工作。「海峽兩岸經濟合作架構協議」（簡稱ECFA）歷經1年7個月，於2010年6月29日第5次江陳會簽署，同年9月12日生效，早期收穫清單（簡稱早收清單）並於2011年1月1日起實施貨品貿易。兩岸貨品的部分在2011年1月1日，第一天首先到中國大陸的是農產品，共有兩批，第一批是東港的石斑魚，另外一批是小玉西瓜跟柑橘。

　　兩岸據ECFA第11條規定兩岸應成立「兩岸經濟合作委員會」（簡稱經合會），作為兩岸任務性、功能性的磋商平台及聯繫機制。雙方同意設置貨品貿易、服務貿易、投資、爭端解決、產業合作、海關合作等6個工作小組，全面推動各項議題之後續協商工作。ECFA正式生效後的六個月內，必須啟動第二回合協商，談貨品貿易、服務貿易、爭端解決與投資協議等，要繼續洽簽。於是，2011年2月22日經合會召開首次例會，雙方宣布啟動貨品貿易、服務貿易及爭端解決3項協議之協商，並由工作小組全面推動各項議題之後續協商工作。對於台日商合作方面，最重要的在於產業合作的部分。

　　ECFA對台灣經貿及外交發展意義重大，更開啟了台灣產業發展的新契機：

　　●開拓台灣國際經貿空間：兩岸洽簽ECFA有助於拓展台灣國際經貿空間，降低各國與台灣洽簽FTA的疑慮，防止台

灣被邊緣化的危機。一旦與中國大陸簽ECFA，其他國家也會增加跟我們簽FTA的意願。實際上目前經濟部有幾個案子正在進行中，包括新加坡和印度等其他國家也都表達意願，希望與台灣談判有關經濟合作的內容，主要包括貨品、投資、智慧財產權和服務貿易等。

● 拓展中國大陸內需市場：ECFA除關稅減讓外，包括投資、貿易便捷化、智財權、產業合作等，有助台商改變加工出口的貿易型態，發展自有品牌，拓展中國大陸內需市場。

● 吸引外人來台投資：中國大陸對外商諸多限制，加上法規繁雜不透明、行政效率低，引起許多外商困擾。由於兩岸語言文化相近，兩岸ECFA可使台灣成為外商進入中國大陸市場之跳板。由於ECFA包含貨品、投資、智慧財產權等，其涵蓋的領域很廣，一方面不只讓台灣企業得以開拓中國大陸內需市場，亦會吸引外人來台灣投資。

● 有助台灣廠商與外商合作：ECFA第六條第六款談到產業合作，讓外商可以參與台灣在中國大陸方面的合作與投資。ECFA經合會設有產業合作工作小組，推動兩岸產業進一步制度性合作，外商可藉由與台灣產業合作，透過該平台所帶來的商機拓展中國大陸市場。

台日經貿關係與重要性

●日本對台灣貿易之重要性

　　台日彼此間貿易往來頻繁，互為對方重要的貿易夥伴。日本為台灣第2大貿易夥伴，僅次於中國大陸。根據台灣海關統計，2010年台灣自日本進口金額約521億美元，占台灣總進口的20.7%；台灣對日本出口的金額則約170億美元，占台灣總出口的6.5%。

　　台灣對日本工業產品的依賴度高，兩國存在緊密的貿易分工關係。台灣自日本進口主要以工具機及汽車零組件、光學零組件等上游產品；半導體製造設備、液晶面版製造設備等高精密製造設備，以及光學、家電製品等下游消費產品為主。目前，台灣與日本間的貿易逆差約有三百多億美元。

●台灣對日本貿易之重要性

　　從台灣對日本的重要性而言，台灣是日本的第四大貿易夥伴。排名在中國大陸、美國、南韓之後。根據日本海關統計，2010年日本自台灣進口231億美元，占日本總進口的3.3%；日本對台灣出口的金額則約524億美元，占日本總出口的6.8%。

　　日本自台灣的進口亦集中在工業產品，上游產品包括半導體製品、光學製品、電腦相關零組件等，中下游產品則以電腦成品及其週邊產品為主。此外，塑膠製品亦是日本自台灣進口的主要產品項目。總結來看，兩邊其實有不平衡的現象。

●日本來台投資概況

　　日本對台灣的投資比重，日商在來台外商投資占的比重最高之時間點，是在1981~1990年之間。日商來台投資在1981年之後快速成長，約以20億美元的幅度增加。各時期日本占外人投資比重始終在10%之上，1981~1990年期間甚至高達32%，但近10年下降至11%左右。之後占的比重逐年下降，雖然金額不斷地累積上去。對台灣來說，金額實際上是逐漸往下降；若從件數來看，則是比金額所占的比重較高一些。整體來看，累計歷年日本對台投資金額達165億美元，占外人投資總金額14%，名列第4位。累計投資件數有6,450件，占投資總件數的23%，高居外人投資第1位。由此，顯見日商占台灣外人投資的重要性。

　　日本來台投資集中在哪一方面呢？近10年日商在台投資金額約72億美元，其中製造業約占56%，服務業約占40%。以產業類別來看，日商在台投資主要集中在電子製造業、金融保險業、電子光學製品產業、批發零售業。從中可見，日本投資集中在電子零組件與電腦方面，這些是台灣最強的部分。在服務業方面，則是批發零售、金融保險方面為最多。金融保險及批發零售業的投資日漸成為近幾年主要投資項目，占日本對台投資金額約3成。這主要是因為亞太消費市場的崛起，特別是中國大陸消費市場的快速發展，加上台商對中國大陸市場的瞭解。因此服務業逐漸成為日商主要投資產業，此一趨勢未來亦將持續。

●台灣赴日本投資概況

　　台商赴日本投資額於1991年後開始快速成長，20年間累計金

額達13億美元。但是日本基本上不是台灣企業非常重視的對象，即使1991年後投資快速成長的20年，占對外投資金額億亦僅約2%上下；以投資件數來看，僅在3.5~4.7%之間。累計歷年台灣對日本投資金額為13.25億美元，占對外投資總金額約2%。累計對日投資件數有517件，占對外投資總件數約4%。

　　近4年台灣對日投資金額約2.14億美元，其中製造業約占42%，服務業約占57%。以個別產業來看，台商對日投資主要集中在金融保險業、電子製造業、批發零售業。而近年來金融保險及批發零售業等服務業的投資，也已成為台商赴日本投資的主要項目。這些產業不僅是日商具有優勢的產業，亦是日商對台投資主要業別，顯見台日商在服務業領域的交流密切。

ECFA對台日商的意義及機會

●強化台日垂直分工體系與擴大水平分工的產業領域

　　ECFA在意義上，首先可以強化台灣、日本之間的水平整合與垂直整合。兩岸簽署ECFA之後，台灣產品在中國大陸的競爭力提升，將使台灣對中國大陸出口增加。台灣對日本中上游產品的依賴程度高，必然帶動台灣對日本上游零組件與高階設備的需求，台日間的垂直分工體系將進一步強化。為增加應變能力，快速切入市場，台日電子、資訊產業合作關係已由過去的垂直分工逐漸轉為水平分工。台日商採取水平分工策略共同切入中國大陸市場將更為常見，台日合作的產業類別也將越來越廣。

簡單來說，過去台日之間強調垂直分工，日本賣到台灣的多是原材料和零組件較多，台灣組裝之後再出口。不過因為ECFA的關係，台灣到中國大陸免關稅，因而可以帶動上游跟中游方面的出口，所以會強化垂直分工的關係。但相對地也會產生一個水平分工體系，除了台日間的垂直分工體系可以獲得進一步強化外，因為台灣企業有很好的應變能力，也會形成台日產業水平分工體系。所謂的水平分工，舉例如汽車產業，日本廠商會將某些汽車的模型放在一地生產，某些又在台灣生產，這就會創造出水平分工。因此台日之間的合作關係，將來在垂直分工和水平分工兩方面都會加強。

●擴大日商在台灣投資的利基點

ECFA生效後，台灣獲得有利的經濟戰略位置。日商以台灣作為進軍中國大陸市場的跳板，將比日本直接進入中國大陸市場更有彈性，風險也相對較低。去年五、六月間，本田汽車在中國大陸有六個供應商發生罷工，產生勞資糾紛；豐田汽車公司也發生罷工情況。後來有專家分析，為什麼會產生這樣的情形？發現日本將其「經連會」組織搬至中國大陸，所以他們是全盤把日本企業的制度與作法複製到中國。因為日商沒有在地化，並未用中國大陸當地的人來做領導幹部，彼此產生溝通方面的障礙，這屬於文化上的問題。日本的企業如果能夠應用台灣的力量，其實可以降低很多風險。尤其很多日本企業界的朋友來到台灣，很快就能融入台灣。

此外，包括金融保險、商業服務、運輸、投資保障等領域的

開放與合作，透過台灣轉進中國大陸，對於日商拓展中國大陸服務業市場將更有利，所以台日產業雙方合作的領域是非常寬廣的。

●增加台日策略聯盟創造雙贏

台日之間是互補的關係，日本企業有品牌，以及傑出的研發成果，但研發成果怎麼做商業化的呈現？這是台灣企業最擅長的地方。以微笑曲線來看，日本企業處在微笑曲線的兩邊，而台灣則占中間，如果能結合起來，會是非常好的策略聯盟。日本企業最了不起之處，在於時常講「創新」，但是如何將創新落實為「商品化」？這可以交由台灣企業來做。由此來看，雙方可以發展出很好的合作關係。

未來台日企業聯手進軍中國大陸的機會將明顯增加，日商除採直接投資或技術移轉的方式強化台日間的分工模式，亦有可能採用策略聯盟的方式提升合作關係。而此一模式的整合成功，將有助於台日雙方進一步拓展至其他市場。以電子產業為例，日商擁有技術與資金，台灣擁有大規模生產能力。日商與台灣企業可進行策略聯盟，以合組公司共同開發新產品，或合資併購周邊零組件廠的方式，強化台日雙方的競爭力。彼此間策略聯盟關係一旦建立，可望達到雙贏局面。

●降低日本企業在中國大陸投資的障礙

ECFA最重要的目的，是要談自由化，把貿易障礙的風險降到最低。目前日本與中國大陸並未洽簽自由貿易協定，而中國大

陸服務業市場開放程度亦不高，藉由ECFA和未來ECFA貨品，以及服務貿易協議，將有助於日商以台灣為基地，前進中國大陸市場，使貿易及投資障礙降至最低。

依據ECFA服務貿易早期收穫部門及開放措施服務提供者定義，「非金融服務業之在台商業經營持續3年以上、金融業之在台商業經營持續5年以上，可適用大陸ECFA服務業市場開放措施」一節，由此可增加日商與台資企業合資或結盟的誘因。日本提供技術與品牌，搭配台灣建立行銷管道，有利台日共同開拓中國大陸市場。

台日運用ECFA優勢策略聯盟案例

●工具機產業——日商OKUMA

OKUMA為日本第二大工具機廠商，2010年產值約為新台幣210億元。2009年受景氣影響，OKUMA延遲在台投資計畫，但因目前產能倍增（出貨量30台／月提升至60台／月），且ECFA早收清單納入107項機械及零組件產品，中國大陸將原本平均8%之關稅調降為零，相當有利日商以台灣為生產基地拓展中國大陸市場，故於2010年底重新啟動建廠計畫。其擴大投資主要考慮因素，大致如下：(1)大環境景氣回升；(2)兩岸簽署ECFA的效應；(3)政府充分支持；(4)供應鏈體系完整；(5)台灣人力素質佳。

目前OKUMA在桃園鶯歌的擴產，仍持續進行中。2010年5月OKUMA已完成第1期鶯歌2000坪廠房，目前到2011年12月，

還有3000坪研發大樓的擴建工程。透過OKUMA，預期可增加
投資金額約新台幣7億元；亦增加產值33億元，新增就業人力約
200人。預計2012年CNC車床產能可達1,600台。

●汽車產業──台惟工業

　　台惟工業是一家很早、很有歷史的工業，為台灣唯一CVJ
（等速接頭傳動軸）專業製造廠，以少量多樣生產型態供應汽車
製造廠。從1983年以裝配進口等速接頭為主，進展至現今生產多
供應國內汽車製造廠各種不同車款之等速接頭傳動軸，及其相關
零配件。它主要是與日商NTN株式會社和英商GKN一起合作，
反映在其股東組成上，中華台亞股份有限公司為27.50%、日商
NTN株式會36.25%和英商GKN股份有限公司36.25%。

　　因為汽車零組件有33項納入ECFA早收清單，中國大陸將
原平均9%之關稅降為零，有助於企業以台灣作為生產基地拓展
中國大陸市場，亦有利日商投資台灣，共創雙贏。2010年7月
迄今，受益ECFA效應，中國大陸訂單量增加，讓產能利用率達
100%。從2011年7月到2011年12月，計畫要擴大生產線並增加
設備，以改善提升生產效率，並規劃從目前到2012年1月進行擴
廠，以因應持續增加之訂單。由於ECFA效應持續增加，將可提
升廠商國際競爭力與增加外銷量，未來計畫擴廠，以因應公司訂
單大幅增加之產能需求，並帶動就業人口增加。

●面板產業──日商旭硝子

　　日商旭硝子為全球第2大玻璃基板廠商，2010年全球產能面

積市占率達24.9%。然而，在2009年受金融海嘯景氣衰退影響，旭硝子對投資進度抱持觀望態度。後因國內面板廠持續增建新廠與擴充產能，ECFA早收清單納入2項LCD玻璃產品，將原17%之關稅調降為零，看好未來即將簽署ECFA貨貿協議之利多，有利拓展大陸市場，故於2010年增設後段研磨加工線與興建第6座熔爐。換言之，日商旭硝子在台投資主要因素為：(1)供應鏈體系與產業群聚完整；(2) ECFA早期收穫清單納入玻璃基板；(3)台灣人力素質佳；(4)政府充分支持；(5)強化與面板客戶關係。綜觀來看，旭硝子目前在台累計投資金額已達新台幣700億元以上。未來因應面板廠高世代產線的規劃，旭硝子將會持續擴增產能以因應需求。

●電子材料產業——日商JSR

前身為國營日本合成橡膠，生產合成橡膠起家，2010年產值約為3,101億日圓。自1988年起展開多角化經營，以高分子化學為基礎，生產並銷售液晶材料的相關產品，包括感光性光阻間隙粒子、彩色光阻、配向膜用耐熱透明樹脂及絕緣膜等，其中尤以彩色光阻為最，是全球最大的彩色光阻（color resist）製造商。

由於TFT-LCD為台灣重要扶植之產業，在台已有完整供應鏈體系。由於看好ECFA可開拓廣大大陸市場，它將擴大LCD相關零配件之需求，JSR在原有投資基礎上，擴大在台生產與研發。預期來講，其可望增加投資金額約日幣12億元，並新增就業人力約30人，同時也會評估在台設立「配向膜」生產線之可行性。

共同開拓大陸市場創造雙贏

　　總結來看，台日雙邊進出口貿易頻繁，日本是台灣的第2大貿易夥伴、第1大進口來源、第4大出口市場。台灣也是日商東亞投資的重要據點，台灣許多重要的電子產業係因日商在台投資、技術移轉而逐漸發展出來。不過大部分是跟日本互動密切的關係企業間的合作貿易關係，我們一直希望拓展新的企業。尤其是2008年全球金融海嘯後，日圓不斷升值至今，對日本產品出口帶來很大的壓力。我們也希望日本企業可以運用ECFA提升其競爭力。整體來看，台日兩國不論是在投資、貿易或產業分工上的關係都十分密切。

　　兩岸於ECFA之後，台灣與中國大陸間諸多開放政策，進一步提供台灣與日本企業合作的機會。台灣在中國大陸投資經驗豐富，且具彈性，日商企業若以台灣作為進軍中國大陸市場的跳板，將更具優勢。

　　因此台日兩邊要談合作，其實比其他國家容易，源於基本上兩邊都有互補的關係。加上日本與台灣的產業各具競爭優勢，透過截長補短的策略聯盟模式，結合日本品牌、技術及資金優勢，與台灣管理彈性、生產能量及對中國大陸的熟悉度，將可共同開拓中國大陸市場，創造台日雙贏的局面。

ECFA與東亞經貿整合新契機

林祖嘉

（政治大學經濟系教授）

國際經濟整合現狀

　　當台灣和中國大陸的經貿關係在改善時，與其他國家的經貿關係也同樣在改善。我們希望ECFA之後台灣成為一個平台，世界的企業可以透過台灣進到中國大陸；或者是中國大陸企業可以透過台灣進軍世界，這是台灣長期下的目標和戰略布局。為什麼簽署ECFA對台灣來說是一件重要的事情？本文會先說明全世界經濟整合過程，再討論說明ECFA對台灣的影響為何，然後再介紹早收清單的內容與特色。最後，最重要的是討論簽署ECFA之後，台灣在國際經貿空間上的問題，這應該是台灣民眾相當關心的問題之一。

　　在國際經濟整合方面，GATT（一般關稅與貿易總協定）於1947年成立，並於1995年改制成WTO（世界貿易組織）。雖然WTO運作不錯，但當中有幾個比較麻煩的地方。其中一個是最惠國待遇，意指當兩個國家在討論商品降稅時，其降稅的效力必須及於其他的國家，因此這兩國在討論降稅時就會相當謹慎。也就是說，當你同意對一個國家降稅時，就等於同意對其他成員國也降稅；亦即，關稅優惠的效果必須及於其它會員國。但是，如果兩個國家簽署FTA，或是多個國家綁在一起簽多邊FTA的話，就會有排除條款；亦即WTO有一個附屬條款，在該條款下，如果兩個國家或多個國家簽署FTA的話，其降稅效力可以只限於簽約國，就可排除最惠國待遇的規定。但是，在簽署FTA時有額外一個規定，當兩個國家或其他國家談降稅時，不能只談一項，簽署FTA必須大部分產品都能降稅，也就是FTA必須具備綜

合性和廣泛性。

目前很多國家開始簽署多邊（多國）或雙邊（兩國）的區域性經貿組織，包含EU（歐盟）、NAFTA（北美自由貿易協定）、ASEAN（東協）等。在雙邊FTA方面，截至2010年7月為止，全球共有474個FTA協定，正式生效有283個。若從亞洲主要國家來看，2000年只有5個FTAs，到了2011年則有45個，成長速度非常快。其中日本已跟東協十國、新加坡、馬來西亞等國已簽署，跟韓國、澳洲和印度等國則還在協議當中。韓國目前已跟美國、歐盟、新加坡等國已簽署，簽署的速度非常快，韓國是我們最大的貿易對手，對台灣的威脅也最大。新加坡也已經跟美國、東協、紐西蘭、日本等國家簽署；而中國大陸亦與香港及澳門簽訂CEPA，屆時與亞太貿易協定、東協、與巴基斯坦等國家和地區簽署。

在東亞經濟整合現況方面，中國與東協在2002年11月於金邊正式簽署「東協－中國綜合性經濟合作協定」（The Framework Agreement of Comprehensive Economic Cooperation Agreement, CECA），並在2010年東協初始六國先與中國大陸全面完成貿易自由化，到2015年則是與東協的另外四國完成降稅。日本於2008年通過與東協簽署經濟合作協定（EPA），預計十年內日本將取消93%東協產品的關稅，東協取消日本90%產品的關稅。另外，關於亞太自由貿易區（FTAAP），美國曾於2006年12月建議直接把APEC（亞太經濟合作會議）改成FTAAP（亞太自由貿易區）。

在2000年4月30日前，東亞只有少數國家參與簽署雙邊

FTA，但到了2001年紐西蘭與新加坡，2002年日本與新加坡，2003年中國與香港、澳門，2004年中國與東協分別簽署了FTA。但是台灣卻無任何行動，我們過去幾年只有跟少數幾個在中南美洲有正式邦交的國家簽署FTA，如巴拿馬、尼加拉瓜、宏都拉斯、瓜地馬拉、薩爾瓦多等。但是這些國家都距離我們很遠，且貿易總額僅占台灣對外貿的0.2%。這些關係在政治上也許有意義，但經濟效益卻很低。

關鍵的是東協十國，最早在2002年與中國大陸簽署FTA，稱為東協十加一；然後，2005年與韓國，2008年與日本，2009年與澳洲、紐西蘭，2010年與印度，這些都是在2000年之後開始簽署。而台灣是在整個大環境的中間，卻沒有跟任何亞洲國家簽署FTA。逐年下來，因為大家雙邊貿易降稅，會對台灣產生很大的壓力，且當這些國家之間的關稅稅率降到零時，台灣賣到這些地方的產品卻通通要關稅，屆時我們要怎麼辦？所以台灣希望趕快突破這個現象。

台灣因為政治的因素，一直無法走出去，而台商想要與更多人做生意，但卻感受到許多壓力。台灣之所以和中國大陸簽署ECFA，乃是因為台灣對中國大陸出口，即中國大陸市場占台灣出口總額的42%，而台灣對整個東亞國家的出口占台灣出口總額的67%。由此來看，台灣當然先解決中國大陸的問題，再解決其他國家的問題。重要的是，大陸加入WTO後其關稅平均是9.4%，同時現在台灣電子業的毛利率維持在約2～3%時，如果對大陸出口是零關稅，對其台商的利益就會明顯增加。因此，簽署ECFA對台灣經濟與產業發展會有顯著而正面的貢獻。此外，面

對國際經濟快速整合，台灣要避免被邊緣化，ECFA是一個台灣走出去的策略性手段。

　　Michael Porter曾說：「ECFA是唯一的選項。」；大前研一（Kenichi Ohmae）也說：「ECFA是台灣的維他命。」其實ECFA是台灣非常重要的策略性行動，也就是說，台灣可以先跟中國大陸簽，然後再跟其他國家簽。李光耀曾經說：「新加坡與台灣的關係，不可能走在台灣與中國大陸關係的前面。」簡單來說，如果台灣不和中國大陸簽署FTA的話，新加坡與台灣簽署FTA的機會幾乎是零。2010年6月台灣與中國大陸簽完ECFA之後，同年8月馬上宣布與新加坡開始進行FTA談判，並且名稱已選定為ASTEP（台星經濟夥伴協議）。另外，從胡錦濤在2008年12月「胡六點」的內容亦可看出，中國大陸其實也知道台灣不僅要的是中國大陸市場，其他國家的市場也是台灣所需要的。

ECFA對台灣經濟的影響

一、ECFA對台灣GDP與就業的影響

　　依據中華經濟研究院的報告，簽署ECFA之後對台灣的經濟成長率大約可貢獻1.65%，可創造26.3萬個就業機會。另根據中國商務部評估，對中國大陸來說，兩岸簽署ECFA，其GDP可增加0.36%左右，若把ASEAN＋3加進來的話，大陸的GDP約可增加0.63%。所以，從經濟的觀點來看，當然是希望市場愈大愈好，對兩邊都有利，而且整合的市場也應該是愈大愈好。

　　當然，開放對優勢產業有利，但也會有弱勢產業犧牲。就ECFA對台灣個別產業來看，有正面效果的產業，包含塑化、機械、紡織、鋼鐵、石油；有負面效果的產業，包含其他運輸工具業、木材製品業、毛巾、成衣等，而對於這些有負面效果的產業，則可協議較晚開放。故以經濟議題而言，是希望把餅做大，兩邊都會有好處，這和政治議題的結果是很不一樣的。

ECFA進程、內容與特色

一、ECFA的進程與名稱由來

　　2008年5月馬總統上台時，主張兩岸應簽署綜合性經濟合作協議（CECA），但反對黨不喜歡，因為聽起來跟中國－香港簽署的CEPA很像。而後歷經2008年12月的第四屆兩岸經貿與文化論壇，2008年12月31日的胡錦濤對台灣同胞的講話（胡六條），到了2009年2月終於改成兩岸經濟協議（ECFA）。相較其他國家的名稱，如：中國與東協簽的是CECA；中國與香港簽的是「更緊密經濟夥伴關係安排（CEPA）」，而他們是秉持「一國兩制」原則下所簽署的。日本與其他國家簽署的都是「經濟夥伴協議（EPA）」。雖然名字不同，但最後都需要到WTO報備。雖然中國大陸喜歡稱ECFA為具有兩岸特色的FTA，但其實對台灣而言，這就是WTO的規範，也就是說我們是按照WTO規範在簽署，而且最後都會歸類成RTA，亦即區域性經貿協議。所以簽署的名字不重要，真正重要的是其實質簽署的內涵。

後來，大陸「國台辦」的王毅主任在2010年3月談到要給台灣讓利。開放給台灣的金額和項目都需要比台灣方面來得多；同時，大陸不會要求台灣開放農產品和勞動市場，這兩個最大問題解決後，後續談判就相對順利。從ECFA協商過程來看，2010年6月29日正式簽署文本，8月立法院通過並完成立法程序，同年9月12日兩岸完成交換文本，並正式通過ECFA。2011年1月成立兩岸經濟合作委員會以做後續協商；同時，2011年1月1日開始啟動降稅。

二、ECFA的爭議

(一)WTO模式？兩岸特殊模式？

有些人擔心兩岸簽署ECFA是依照兩岸特殊模式，但其實我們是按WTO模式與大陸簽署的，因為最後還是要拿到WTO報備。因此，ECFA需要拿到WTO註冊，使得兩岸降稅的效果可以僅限於兩岸之間；否則如果不能到WTO去報備，則美國等其他國家會沿用最惠國待遇的規則，要求比照辦理降稅的規定。

(二)農業開放？

由於台灣一再堅持不對大陸農產品做進一步的開放，而且大陸也同意不再針對此一項目要求台灣，因此此項爭議也不復存在。事實上，在早收清單中，大陸甚至還主動的單方面放出19項的農產品，給台灣農產品降稅進入中國大陸。

(三)退場機制？

　　也有一些人擔心兩岸簽署ECFA之後，未來大陸可能會利用兩岸之間的經貿關係，進一步的影響台灣。因此，有人建議兩岸ECFA中，應該明列終止條款。而且，在ECFA的主文中，的確有一條終止條款，讓兩岸未來都有主動提出終止的權利。

(四)與其他國際經貿組織接軌的可能性？

　　因為有一些人擔心在兩岸簽署ECFA後，未來台灣的經濟更有可能被鎖進大陸的經濟之中，因此也有很多人很在意未來台灣與其他國家簽署FTA的可能性。關於此點，大陸「國台辦」主任在兩岸簽署 ECFA之後的第二天，在回答媒體的詢問時，明確的說：「關於台灣國際經貿空間的問題，一定會合情合理的安排，務實妥善的處理。」

　　更重要的是，在去年六月底兩岸簽署ECFA之後，八月分台灣與新加坡同時宣布開始進行FTA的協商，取名為「台星經濟夥伴協議（ASTEP）」。如果台星之間能順利簽署FTA，這將會大幅提升台灣與其他東協國家簽署FTA的機會。

(五)台灣的相關配套措施（產業救濟）

　　經濟部提出950億台幣的產業發展計畫，其中380億用於提升勞動技能、輔助轉業，以及失業救濟等等。比方說，如果失業是因為ECFA，並提出證明的話，失業補助可以從六個月延長到十二個月。其實早在2000年初，台灣因為加入WTO而必須開放5%的農產品進口時，就曾提出1000億台幣的農業發展基金會，

協助農業轉型成精緻農業，或是補助休耕。

三、ECFA的主要內容與特色

●全文16條：因為ECFA是個架構協議，因此全文只需要做概略式的規範即可，故全文只有十六條，可以說是相當精簡。

●前言：前言中說明兩岸簽署ECFA的主要原則與精神，其中最重要的是指出，兩岸簽署ECFA是「……本著WTO原則，考量雙方經濟條件……」。此一原則與大陸和香港本著「一國兩制的原則」而簽署CEPA，是完全不同的。

●在第3條的貨品貿易的相關規定中，沒有規定未來兩岸間的商品有多少要列入降稅的範圍中。這與一般習慣上要有相當高比例的商品（比方說90%）列入降稅行列中的做法，大不相同。我們認為為了讓企業界有個更清楚的依循，我們建議未來兩岸在進一步討論商品貿易協議時，應該把所有商品的開放項目都明確的寫出來。

●ECFA文本中沒有明列談判或實施時間表，一般來說FTA都會有時間表，約五年或十年，在沒有明列協議完成的時間的情況下導致彈性太大。而由於未來台灣政黨輪替變數很多，會對企業造成太多的不確定。因此我們建議未來兩岸在進一步討論商品貿易時，應該把協商完成的時間也明列出來。

●終止條款（16條）：「……雙方應在終止通知發出之日起三十日內開始協商，如協商未能達成一致，則本協議自

通知一方出終止通知之日起第一八○日終止。」此條文與
一般慣例最大的不同是沒有訂立終止的條件。一般來說，
簽約雙方必須規定終止條款，而如果簽約的一方不遵守協
議，另外一方才可以發動終止協議。而在目前的條文下，
ECFA並沒有制度性規範來對雙方提供合理的保障，我們
建議未來應該在協議中增加終止的條件。

早收清單的內容與效果

在ECFA的早收清單中，台灣有539項產品享有進入大陸免
稅的優惠，以2009年台灣這539項產品對大陸出口的金額計算，
約有138億美元，占台灣對大陸出口的16.1%，經設算台灣可因
此省下9.1億的關稅支出。對大陸來說，台灣開放267項商品，以
2009年大陸對台灣的出口金額計算約為28億美元，占大陸對台
灣出口的10.5%，經設算大陸可以因此省下1.1億美元的關稅支
出。同時，依據經濟部估計，台灣在這539項產品免關稅的優惠
後，台灣的產值會增加200億台幣，GDP上升0.4%，同時可以增
加6萬個就業機會。從兩岸開放的項目、金額與比例來看，大陸
開放的都比台灣多，符合讓利原則。

其實關於降稅讓利的效果，一旦減稅之後平均出口價格就會
降下來，因此必然會對雙方都有好處。降稅的結果會讓雙方都有
好處，這叫租稅轉嫁。至於租稅轉讓，一部分給需求者，一部分
給供給者，而兩者各得到多少好處，決定於雙方的供給彈性與需
求彈性，這就是所謂的租稅歸宿。最後，我們要指出的是，讓利

的真正效果是讓談判得以更順利的進行，同時得以加速簽署，所以我們應該還是要對讓利原則給予正面的評價才對。

後ECFA時代兩岸關係與台灣的國際經貿空間

一、ECFA的後續協議

在今年一月初成立兩岸經濟合作委員會以後，未來還有多項的協議必須進行更多的後續協商，包括商品貿易協議（共10500項產品）、服務業貿易協議（包括金融、物流、文創等等）、投資協議（包括投資保障協議與投資促進協議等等），以及經濟合作協議（包括貨幣清算協議、租稅協議、智財權保障協議等等）。

二、台灣的國際經貿空間

2010年我們與中國大陸簽署ECFA後，福斯汽車公司宣布準備到台灣投資300億興建汽車廠，生產汽車出口到大陸。如果早收清單內有整車的項目的話，福斯汽車肯定馬上來台灣生產車子，因為可以免稅銷售到中國大陸。很不幸的是，在早收清單中沒有看到整車被列入，結果去年11月，福斯汽車就宣布暫緩到台灣的投資計畫。因此，我們政府希望可以在2011年的第二批早收清單中將整車納入清單中，讓福斯汽車可以在台投資，也可以讓整車由台灣銷往大陸。現在大陸每年銷售1800萬車輛，已超過美國成為全球最大的汽車消費市場，因此我們希望台灣透過

ECFA，可以變成大陸與世界接軌的樞紐。

　　至於台灣與其他國家簽署FTA的可能性方面，除了台灣與新加坡已經開始正式的協商以外，台灣已經分別與印度、菲律賓，及印尼進入各自研究的初步階段。其後我們認為台灣與紐西蘭、香港、印尼、美國（TIFA）、歐盟等國家或地區，未來都有簽署FTA的機會。

　　但是我們特別要指出的是，假設台灣未來與紐西蘭談判，他們開放我們電子產品過去，但希望開放他們的農產品過來，台灣是否準備好要開放農產品市場？這其中關乎實質談判的問題，我們覺得這其中仍然存在很大的問題。比方說，與美國的TIFA談判，他們希望讓美國牛肉進來，而我們因為使用者的健康疑慮而不願意開放，但如果要與美國繼續談下去，便需要度過美牛這一關。因此，國人在心態上要積極地走出去，要做好更多開放的準備，同時必須增加企業與個人的競爭力。未來，我們相信其他國家都在看台灣和新加坡的簽署狀況，作為參考；另外，對外開放和自己產業結構調整，這兩件事情是將來政府應該努力的方向。

　　最後，我們希望先利用ECFA解決中國大陸市場開放的問題，然後再跟新加坡、菲律賓，與印尼等國簽署FTA。因此，台灣和其他國家的經貿合作將有更多的機會，而可以讓台灣盡快融入整個東亞經濟整合的體系內。馬總統說：ECFA「讓台灣走向世界，讓世界走進台灣」；也就是說，台灣應該要作為一個全球跟國際之間的平台。雖然不是說所有的產業都可以成為世界與大陸的平台，但是台灣只要在少數幾個關鍵產業上扮演一個重要角色，對台灣來講這就夠了。

　　我們相信，兩岸簽署ECFA之後，台灣的黃金十年即將來臨。去年2010年台灣的GDP成長率是10.82%，是過去二十多年來的新高。2011年將是台灣的黃金元年，未來兩岸關係、國際經貿空間，與台灣企業體持續的改善，將是我們最重要的挑戰。ECFA台灣通向國際市場的空間打開了，但是，政府、企業、與人民都需要有更多的競爭力，台灣未來的經貿才會更有希望。

後ECFA時代台日商策略聯盟：
工具機產業發展與願景

劉仁傑

（東海大學工業工程與經營資訊系教授）

內文重點

台資企業受惠大陸市場

•

ECFA與台日企業合作

•

台日工具機產業發展最前線

•

台日工具機企業合作與案例

•

五點分析與解讀

台資企業受惠大陸市場

　　2010年許多台灣的製造企業已經回復到接近2008年金融風暴前的水準。台灣企業受惠於中國大陸內需市場，被認為是遠比日本企業早日脫離不景氣困境的最重要原因，兩岸簽署ECFA亦發揮推波助瀾效果。2011年1月ECFA生效，後ECFA的台日商策略聯盟受到產官學界一致的關注。著眼於大陸內需市場潛力與ECFA互動效應，已成為當前台灣企業發展的重要策略，也是與日本企業攜手共創新局的重要契機。

　　台灣工具機產業是極少數沒有依賴國外技術，結合台灣產業社會特質，發展成具有國際競爭力的本土產業。1980年代台灣工具機在國際間嶄露頭角，截至2007～08年間，維持了20餘年的持續成長，創下了年產值1500億台幣的最高紀錄。走過金融風暴，2010年回復到約8成水準，受惠於ECFA，台灣區工具機暨零組件同業公會推估，2011年有機會再創歷史新高。然而，積極投資中國大陸，協助大陸工具機產業壯大的結果，已經開始面對嚴峻的產品升級競爭考驗。

　　相對於台灣工具機的穩定成長，日本工具機卻沒有那麼幸運。不僅遇上泡沫經濟的崩解，2007年創下歷史高峰後遭逢金融風暴卻一蹶不振，其中內需市場的萎縮尤其嚴重，迄今只恢復到4成。儘管日本擁有全球公認最佳的產品與製程技術，放眼全球，日本工具機企業最大的問題在於歐美先進國高階市場的萎縮，以及新興工業國中低階市場的激烈競爭。新興國的市場競爭來自兩方面。一方面是面臨德國、瑞士、台灣、韓國的激烈競

爭，另一方面又面臨新興工業國本身的急起直追。中國在2009年取代日本，躍居為全球工具機最大生產國，就是最好的警訊。

因此，對台灣與日本工具機企業而言，具備合作聯盟的宏觀背景，這點迥異於過去以大陸作為舞台的台日企業聯盟。基於ECFA反映區域經濟整合特質，具備扶植當地具競爭力產業，提供兩岸相互間強勢互補意義，影響將因產業而有所不同。工具機是公認的受惠企業，但對國產化的要求也納入考量，明定落日條款。本文分析後ECFA時期台日商策略聯盟趨勢，區分為三個部分：

● 檢視ECFA與台日商合作的關聯，彙整分析架構。

● 聚焦於工具機產業，分析2000年代台日工具機產業的發展與困境，並對2010~2011年工具機產業的動向與企業案例，進行深入探討。

● 就本研究釐清的事實，彙整結論與建議。

ECFA與台日企業合作

一、ECFA提供台日合作契機

台灣與中國大陸透過簽訂ECFA，支持兩岸產業合作，讓兩岸關係史進入新的紀元。就如同國內對ECFA的觀點，因信任關係、個別產業現實，懷著不同的解讀一樣，面對以中國市場商機為中心的國際競爭觀點，相關國家的解讀也大不相同。韓國企業的戒慎恐懼，與日本企業從疑慮到歡迎，呈現了十分強烈的對

比。關於兩岸新局與台日合作趨勢，伊藤信悟在第一時間提供了第一手的深入分析論文，不僅對台日企業合作提供了實務性資訊，也對台日兩地學術研究提供了重要的基礎，貢獻卓著。

伊藤信悟指出，ECFA與搭橋專案所帶動的兩岸新局，對日本產生了台日競合、日中競合與日台中垂直分工等三種競合與協調關係。第1類的台日競合將因兩岸合作產銷或制訂共同標準，使日本處於劣勢。第2類的日中競合，台灣扮演成本與技術的優勢提供角色，各有利弊。第3類的日台中垂直分工，日本企業將因此受惠。同時，伊藤信悟從兩個角度，說明台灣與日本在因應中國大陸市場需求上，整體傾向第3類，具備強烈的互補內涵或合作空間，ECFA有助於台日合作。

●台日對中國大陸的出口，傾向非競爭的結構。對2009年日本、台灣、韓國出口中國大陸的前二十名的項目，進行HS8位數分類分析比對結果，發現前四項比率（IC處理器與控制器、面板、IC記憶體、其他IC），台灣為45.4%，日本則僅11.5%，遠低於韓國的33.2%。而在重複項目方面，台日間僅6項，也遠低於台韓間的10項。

●台灣製造對日本波及效果冠全球。產業關聯係數分析顯示，台灣每產出1個單位，對主要國家的波及效果前五大分別是日本（0.086）、中國（0.056）、美國（0.053）、韓國（0.033）、馬來西亞（0.018），日本堪稱冠全球。究其原因，是因為日本企業在台灣的資本財與中間財進口占有率非常高。伊藤信悟引用經濟產業研究所的2008年數據指出，日本是台灣最大的資本財、中間財進口國，資本

財占有率為33.4%，而中間財的加工品與零組件的占有率分別為22.7%與25.8%。

二、後ECFA台日聯盟的分析架構

檢視伊藤信悟兼具苦勞與功勞的大作，是從檢討ECFA是否對日本構成威脅出發，聚焦在日本應如何透過參與台灣的產品製造，分享中國龐大內需市場。然而，ECFA是否也有利於台灣參與日本的產品製造，或者台灣如何透過日本產品達到前進中國市場目的的部分，卻沒有著墨。

以工具機產業為例，作者對2010年10月東京國際工具機展（JIMTOF）的考察發現，本次機展不僅設有台灣工具機的展示專區，台灣的參與廠商家數破歷史紀錄，同時也是國外最大的參展國家。此外，作者的考察也發現，在日本企業的展示攤位中，估計約有10台具有部分或全部台灣血統的工具機，以日本市場或中國市場作為目標對象。與會人士大都認為，今年東京JIMTOF的最大特色，迥異於過去展示最先進機械的展示意義，強調實用意義的性價比（cost performance），成為各個會場訴求的關鍵詞。而台灣也透過日本這個舞台，提高了具備性價比競爭力的國際知名度。

基於此，我們提出了前進中國市場的雙向架構，如圖一所示，作為後ECFA時代的台日工具機策略聯盟趨勢的分析架構。換句話說，從物流的觀點，存在著兩個模式。「日→台→中」模式是日本企業擴充或新設台灣據點，結合日本關鍵技術，達到擴大中國市場占有率的目的。與此相對的，「台→日→中」模式則

是台灣企業新設日本據點，或者接受日本公司OEM的方式，結合台灣成本優勢，達到分享中國高階市場的目的。

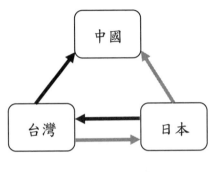

圖一：分析架構

台日工具機產業發展最前線

一、2000年代台日工具機產業的發展與問題

●台灣工具機的發展與問題

台灣工具機在1960年代開始外銷香港和東南亞。70年代末期起，外銷美國呈現快速成長，1987年與日本並列為VRA對象，受到國際矚目。90年代以降，中國大陸市場的強勁需求，成為支持台灣工具機產業成長的最重要動力，截至2008年維持了20餘年的持續成長。

相較於日本與德國等先進工具機製造國，台灣的工具機產品在高附加價值與可靠度上，仍有相當距離。儘管如此，台灣的全球工具機定位，仍然繼續提升，連年確保全球工具機第四大輸出

國的地位。在中國大陸市場，台灣不僅長期與日本與德國並列為前三大工具機進口來源國，同時也是在中國大陸擁有最多生產據點、提供最多當地國產工具機的外資。

2000年代台灣工具機的成功發展，主要歸功於產品結構的模組化與系列化，以及因此蓬勃發展的零組件產業。中台灣的工具機產業群聚知名全球。在成熟的協力網絡基礎上，致力於產品模組化與系列化，使台灣工具機的性價比極具國際競爭優勢。這個優勢在2000年以後，也反映到台灣工具機企業的中國大陸製造據點設立，特別是規模經濟效果的積極追求。而滾珠螺桿、主軸、刀庫、刀塔、分度盤、冷卻系統、配電盤、伸縮護蓋、鐵屑輸送機等9大模組專業廠商的成長，也與整機廠的壯大相互呼應。

然而，檢視大陸本土工具機的發展，活用台商專業模組發展開放性模組型產品，堪稱主因。換句話說，標準型綜合加工機成為中國大陸工具機的主力產品，正是大陸本土企業數控工具機快速崛起的關鍵。台灣工具機產業群聚所孕育的零組件模組優勢，在與台灣工具整機廠共同成長的同時，也成為中國產品追趕台灣的幕後功臣。2009年中國成為全球最大的工具機生產國，在傳統車床（非數控）與立式綜合加工機領域，台商據點具有卓越的貢獻。

最近亞洲經濟研究所水野順子研究員的研究，提供了有力的證明。她用平均每台出口價格，解析了亞洲四國車床與立式綜合加工機的世界市場結構，發現日本均居頂級。在數控車床方面，韓台間競爭非常激烈，中國落差還非常大；非數控車床是兩岸的天下，台灣單價高數量卻已經很少，中國則近乎獨霸卻價格低

廉。在立式綜合加工機方面，結合台商，使中國製的立式綜合加工機，在產品層級定位上超越韓國，在國際外銷市場居重要的一席之地。

由此反映台灣正面臨十分嚴肅的兩個問題。第一是數控車床已經被韓國所微幅超越；第二是立式綜合加工機方面，台灣產品雖然介於日本與中韓之間，但卻與中國大陸愈來愈接近，同質性也愈來愈高。換句話說，在泛用機種上台灣已經面臨中國大陸廠商的激烈競爭，用既有製造優勢與日本企業進行有效聯盟與分工，可能是繼續分享大陸市場的重要策略。

●日本工具機的發展與問題

相對於台灣工具機的穩定成長，日本工具機在過去20餘年，卻遇過1991～1994年、1998~2002年兩度的大回檔。2007年創下了歷史最高峰，產值達1.6兆日圓，其中內需市場7,200億日圓。金融風暴引發的第三次回檔，恢復力道卻嚴重不足。日本工作機械工業會的速報資訊顯示，2010年產值只恢復到金融風暴前的6成（9,786億日圓），其中內需市場則只恢復到4成（3,075億日圓）。

檢視日本汽車與電機電子企業的生產持續移轉海外，以及日本工具機在外銷市場與內需市場正面臨各國雙重的激烈挑戰，國內生產已經不可能再回復到2007年的歷史盛況。因此，放眼未來十年的日本工具機產業，工具機產值恢復的關鍵，在於如何活用既有能力有效攻佔海外市場，特別是新興國市場。

一家在特殊機種領先全球的小型工具機上市企業社長，十分

認同我的上述看法。他指出，日本國內市場過去占他們的營業額平均達7成，金融風暴之後掉為4成，不走出去將困死日本。他認為中台灣工具機的產業群聚優勢及個別企業活力，是他們投資的首選。他說：「在資源十分有限之下，經由台灣，有機會找到通往中國市場的捷徑。」

放眼全球，日本工具機企業最大的問題在於歐美先進國高階市場的萎縮，以及新興工業國中低階市場的激烈競爭。亦即日本工具機企業在新興工業國，不僅面臨德、瑞、台、韓的分食競爭，中國與印度的工具機企業也持續壯大，價格競爭壓力有增無減。全球產業界公認，日本工具機企業不僅擁有全球最佳和最多樣的產品技術，現場主導的生產暨製程技術更是舉世無雙。如何從過去的內向封閉策略，調整為面向全球的外向開放策略，是當前最大的課題。

日本大型工具機企業的全球策略，相對明顯。Amada、Sodick、發那科、Mazak與Okuma在全球布局甚早，金融風暴後恢復相對迅速，海外生產也已經奏效；森精機去年與德國DMG的進一步強化聯盟與交互持股，雖然還不算成績亮麗，似乎已經有效地達到停損目標。

問題在於其他超過百家，包括許多被認為極具特色的中小型工具機企業。她們徒有一身本領，發揮的舞台卻愈來愈小。部分嘗試過海外投資，絕大多數並不成功。OKK與JTEKT應該稱得上是僅次於上述大企業的中大型企業，卻在中國投資過程嚐到了苦頭，更遑論資源受限的中小型企業了。顯然面向中國大陸市場，到台灣投資或與台灣企業聯盟，是一項十分重要的選擇。

●面向中國大陸市場

2009年中國成為全球最大的工具機生產國。但是，根據水野順子的分析，這還包括先進國未列入工具機項目的低價龐大機種。除了立式綜合加工機之外，在國際市場與日本、德國、台灣、義大利等重要出口國直接競爭的時機尚早。但是，作為世界最大的工具機市場，市場潛力依然雄厚的事實，卻沒有人懷疑。

根據工研院IEK的分析，2010年中國大陸工具機市場規模為256.11億美元，其中約31%依賴進口，進口金額為79.5億美元。在沒有重大戰爭、天然災害、金融風暴的狀況下，2015年市場規模將達到640億美元，若中國大陸本身積極發展工具機，自給率達到80%，仍有128億美元依賴進口。相對於這個進口數字，目前台灣是世界第四大出口國，2010年出口值僅29.61億美元，中國市場的魅力不言可喻。

對於中國市場的耕耘，日本與台灣最早，成果也最為豐碩。從1990年代的大陸機車產業，到2000年代的汽車產業蓬勃發展，日本與台灣的工具機都是各個工廠最重要的選擇。2006年以後，德國工具機的積極加入、中國本身的積極竄起、外資據點當地生產的增加，台日工具機占有率都受到衝擊，台灣受到的影響特別顯著。

因此，如何繼續維持或擴大中國大陸工具機市場，特別是中高階市場的占有率，已經成為台灣與日本工具機企業一致的目標。對於日本工具機企業而言，遠比產能已經趨於飽和的台灣同業，更為迫切。

台日工具機企業合作與案例

　　迴異於台灣傳統的電機電子產業、汽車產業、食品產業，過去日本工具機企業在台獨資，或合資設立生產據點的案例非常少。截至1980年代為止，只有台灣瀧澤一家。1997年大同大隈（Okuma）的設立，2008年JTEKT的入股崴立機電，才逐漸打破了甚少來台投資的印象。

　　前述2000年代台日工具機的發展與困境分析顯示，台日工具機企業的合作有其重要背景與脈絡，2010年ECFA只能算是臨門一腳，將潛在的雙方競合關係正式展現在舞台。本文以前曾提出的分析架構作為思考主軸，就作者實際在第一線接觸到的新近動向，分四點加以整理。

●台灣據點的擴大

　　已經設立的台日合資據點：台灣瀧澤、大同大隈（Okuma）、崴立機電（JTEKT），最近都積極擴充產能，成為日本集團總部的重要策略發展據點。

(1)台灣瀧澤

　　台灣瀧澤設立於1971年，原為日本瀧澤鐵工所100%持有，為數控車床的領導廠商。1997年納入當地資本52%，發展PCB鑽孔機，在台灣上市。作為最具歷史的台日合資據點。台灣瀧澤在三個方面強化中國大陸市場。第一，由日本瀧澤與台灣瀧澤共同持股的上海欣瀧澤公司，搶攻中國低階市場。第二，有鑑於後ECFA工具機產業景氣持續看漲，積極擴建台灣二廠，預計在

2011年上半年可投入營運，可強化對中國大陸中階市場的出口。第三，以OEM方式支援日本瀧澤亞洲策略機種的推出，提高外銷中國高階機種的性價比。

在這個國際分工架構下，台灣持續保持關鍵性角色。譬如，台灣賣往大陸的數量大約是日本的10倍。產品的性價比與對中國大陸市場的理解，是兩大關鍵。事實上，最近東京機展推出的高品級旋削加工專用2軸數控車床，就已經充分活用台灣的製造資源。我們的調查發現，這個策略性機種的機械部分從台灣進口，組上日本電控相關組件，以日本製出口到大陸，可降低成本約20%。

(2)大同大隈

大同大隈設立於1997年，由日本工具機大廠Okuma與大同公司，透過將大同公司三峽廠工具機中心改組之方式，以51%對49%合資設立。大同大隈因應中國市場的龐大需求，2011年剛擴廠完成，目前月產量達到160台，較過去增加了3成。台灣與大陸兩個據點的量產型機種，結合日本Okuma的高階機種，提供了大陸市場各層級需求，是最大的特色。而台灣工具機產業有完整的供應鏈和群聚優勢，足以生產高品質、高精密度和低成本的數控車床，已是Okuma拓銷亞洲市場的最重要伙伴。基於機種特性與布局完整，相對於另外兩家大廠Mazak與森精機，Okuma受到此次金融風暴中影響，相對輕微。

針對大陸市場，目前日本Okuma、台灣據點大同大隈與中國據點北一大隈，呈現機種別的分工。在兩岸ECFA啟動，享受兩岸布局的同時，由於Okuma海外據點都採用日本自製控制器，

ECFA自製零組件設有3~5年緩衝期，大同大隈表達了憂心，將思考被迫因應之道。

(3)崴立機電（JTEKT）

崴立機電於2007年由關永昌先生所創設，主打大型龍門產品。2008年橫跨工具機與汽車零組件的日本JTEKT，考量透過國際分工滿足市場需求與提高性價比的必要，入股崴立機電40%，立式綜合加工機FV系列全數委由崴立機電開發與製造。JTEKT的入股與ODM，崴立機電取得國際品質認證與規模優勢的雙重效果。雖然成立才第4年，2010年營業額已經突破15億元，2011年估計將超越20億元。採用WELE與TOYODA雙品牌方式，與JTEKT聯手攻占日本與中國市場，是成功的重要背景。崴立機電最近同時強化產品開發與製造流程精進，希望在2012年遷入中部科學園區后里園區後，能擠進台灣工具機的列強之林。

●台灣據點的新設

2010年以來，日本工具機企業的對台考察，不絕於途。倉敷機械與OM製作所等日本上市工具機企業，是最早決定在台灣中部設立生產據點的工具機企業。

(1)OM製作所

OM製作所設立於1949年，員工367人，主要生產泛用數控車床與包裝機械，屬於日本中型工具機上市企業。2010年推出的第四次中期經營計畫，決定積極推動海外事業、擴大海外銷售規模。有效因應日本內需市場萎縮，是最重要的原因。

OM製作所2010年7月在台灣設立100%持股的台灣OM機械

（TAIWAN OM CO.,LTD.），從事工具機製造與銷售，設址台中市的太平區。根據OM製作所2010年版第四次中期經營計畫，台灣OM機械設立的目標包括：由台灣OM機械將承接低價格的泛用立式車床攻佔海外市場、與日本據點進行機種分工、擴大中國銷售規模。台灣同業亦指出，OM製作所的泛用立式車床設計簡單，底座與鞍座一體成型，上面無覆蓋，估計零組件可以全數由台灣當地零組件廠提供，台灣OM機械則致力於主軸加工與組裝，品質媲美日本，價格卻可能下降3成。

2011年8月在台進行考察的OM製作所工具機事業部長大森博卻指出，台灣公司雖然如期設立，初期以部材調達為中心，是否從事製造仍在評估之中。他認為，雖然中台灣工具機產業群聚非常完整，價格魅力不可擋，但是OM的大型立式車床屬於高單價的多種少量機種，並要求硬軌等核心技術，與台灣一般協力廠核心能力不同，是否能夠在當地順利生產並取得預期的優勢，仍然在評估之中。他說，相對於製造優勢，他認為活用台灣廠商對中國大陸的銷售網絡，可能更值得優先考慮。

(2)倉敷機械

倉敷機械株式會社設立於1949年，員工約240人，是日本中小型工具機上市企業，隸屬KURABO集團。KURABO集團擬定2010年「國內事業再構築與海外事業展開」的3年成長策略，決定在台灣設立製造據點。究其內容，包括了兩岸簽署ECFA後的降稅或免稅優惠、日圓盤升對出口不利、調適中國等新興市場低價格機的需求等三項背景。

台灣倉敷機械（KURAKI TAIWAN Co.,Ltd.）為日本倉敷機

械100%持有，設址在中部科學園區后里園區。主要事業內容是
數控鏜銑床等工具機的製造與銷售，估計2012年1月投產。倉敷
機械指出，雖然主力產品數控鏜銑床具備全球一流的水準，因面
對國際上價格競爭的壓力而發展受限。倉敷機械預計以生產機種
進行台日分工，台灣倉敷機械未來扮演以中國大陸為中心，強化
對亞洲地區的製造和銷售，並估計在2013年台灣生產比率將超過
公司總體的30%。

●台灣OEM的擴大

台灣工具機企業接受日本的OEM，除了日本持股的台灣瀧
澤之外，過去非常少見。2000年以後，台灣產業群聚所帶動的
成本優勢開始受到日本的注意，在策略上作為降低成本或滿足日
本市場性價比要求，來自日本的OEM有增多之跡象。但是，此
類訊息並沒有公開，即使在東京國際工具機展，除了少數行家之
外，並不能看出在日本業者攤位中那些是具有台灣血統的機種。
據我個人的考察發現，長期接受日本知名企業OEM，而且績效
卓著的有準力機械與大光長榮兩家。

(1)準力機械與黑田精工

準力機械成立於1988年，擁有60名員工，是精密磨床的領
導廠商之一。十年前開始接受日本黑田精工平面模床的OEM生
產。我們的考察發現，黑田精工在市場銷售仍然非常穩定的手動
精密成型平面磨床，大都委託準力機械生產。日本此類產品受到
日本國內、亞洲和美洲的歡迎，但因日本成本過高，已經失去獲
利的機會。這項產品由台灣代工之後，不僅結合準力機械本身的

需求，帶來規模上的合理利潤，也使日本黑田精工取得應有的銷售利潤，更重要的是維持了完整產品群的品牌形象。準力機械與黑田精工的聯手，顯然已經確立了日本、台灣與使用客戶的三贏格局。

同時，我們對準力機械的研究亦發現，在最近新推出的機種中，有許多是取代日本的高單價機種。提供給鴻海科技的Tapping center，就是最好的案例。接受日本代工所孕育的能力，也已經發揮在台灣過去比較忽略的特殊工具機之上。

(2)大光長榮與三洋機械

大光長榮設立於1998年，現任董事長鄭慶隆與總經理林倉助原服務於榮光機械，所屬經營團隊投入磨床產業超過40年。大光長榮目前擁有大里廠、浙江廠和泰國廠，員工合計165人（台灣120人），是台灣最大的磨床廠商。與三洋機械聯手，引進日籍顧問，被認為是與台灣磨床同業區隔後勝出的重要關鍵。

三洋機械1975年設立於茨城縣筑波市，以開發製造與銷售各類磨床為主要業務。然而，目前銷售最好的無心磨床與外圓磨床，卻100%為台灣所製造。以無心磨床為例，砥石的寬度達405毫米，從規格與性能，都達到日本的水準。我們發現，三洋機械早期依照日本大型客戶的要求規格，請大光長榮開發製造，有一定的成績。為了提供更好的解決方案，不僅總經理經常訪問日本廠商，能說一口流利的日語；為了深入合作，日本大型顧客甚至介紹已經在工具機企業退休的有田護，在大光長榮擔任長駐顧問。

我們的訪談也發現，有田護原服務於Citizen 機械，2008年

退休後應聘來台。有田護說，日本磨床大型客戶為了改進大光長榮的設備技術，介紹了這項工作；而因為磨床與Citizen的自動車床沒有直接競爭關係，他欣然同意來台。三年多來，他在產品技術上協助大光長榮，今年3月起並與東海大學工工系豐田生產體系課程合作，開始致力於製程技術的精進。

　　這些紮實的努力正逐漸開花結果，據悉光賣給日本佳能集團，就已經達到100台。三洋機械的無心磨床與Micron、日進機械齊名，性價比明顯紓解了日本客戶的經營困境。事實非常明顯，台日的聯手，不僅台日合作廠商雙方感到滿意，日本客戶也已經直接受惠。

●日本據點的新設與活用

　　台灣工具機廠商積極參展2010年東京JIMTOF，在日本帶動了一股新興的台灣熱潮。我們用兩個個案，來說明台灣廠商如何透過日本據點，強化日本的市場經營與本身的組織能力。

(1)高松友嘉株式會社

　　2007年日本高松機械與台灣友嘉實業，在過去的合作基礎上，在日本合資設立高松友嘉株式會社，重點在銷售台灣友嘉實業集團的工具機產品。透過高松機械的銷售管道，將友嘉實業集團的工具機賣進全球最挑剔的日本市場，經由客戶反應與高松的經驗判斷，提升友嘉實業的產品技術，對友嘉實業集團的能力提升極富意義。

　　我們發現，高松友嘉不僅只做售服工作。譬如在東京JIMTOF所展示的立式綜合加工機，是高松友嘉依照日本客戶需

求，將友嘉既有的產品，追加自動上下料和夾具設計，達到提高日本客戶性價比與本身附加價值的目標。為了加強對台灣工具機特質的深入理解，高松友嘉陸續派遣售服人員到台灣受訓，並從售服觀點對友嘉實業集團的產品開發進行意見回饋。

(2)東台精機日本株式會社

東台精機設立於1969年，是日本技師吉井良三與台灣士紳嚴燦焜所創立。基於創辦人之一的日本人淵源，理解日本企業的需求，東台精機持續是拓展海外日商市場最成功的企業。2003年股票上市後，透過出資的聯盟方式，納入榮田精機、亞太菁英、譁泰精機，形成擁有綜合加工機、立式車床、線性工具機等完整產品的工具機製造集團。集團內企業間的差異化與水平分工，有效區隔目標市場，堪稱最大特色。

東台精機於2011年1月將日本事務所擴充為「東台精機日本株式會社」，員工擴充至10人，強化日本市場經營。東台精機日本株式會社首任社長木村一弘認為，擁有一流技術的日本工具機企業，可能因欠缺經營視野而倒閉；而擁有寬廣經營視野的台灣工具機企業，技術絕對值卻仍然偏低。他認為東台精機日本法人的設立，就是要與世界最挑剔的顧客磨合，提升技術的絕對值。

曾任日立精機董事兼生產本部長的木村一弘，在2004年日立精機破產後投效台灣東台精機集團，上述觀點應該是有感而發。他進一步補充說，台灣工具機企業具備製造成本競爭能力、資金能力，以及對中國市場的理解與開拓能力，都是日本最弱的環節。而日本企業的技術開發能力、生產管理能力、品質管理能力，仍然領先台灣。在提升東台精機集團競爭力的過程，如何活

用台日間的強烈互補，是他積極思考的重點。

五點分析與解讀

　　以上，我們檢視台日工具機產業的發展與問題，作為理解台日新近合作的背景，並以前進中國市場的雙向架構，區分日本企業擴充台灣據點、日本企業新設台灣據點、台灣企業擴大接受來自日本OEM，以及台灣企業新設日本據點，進行了合計9個案例的分析。於此，沿著分析架構的邏輯，分五點加以討論。

●活用台灣據點分享中國市場

　　兩岸ECFA的啟動，採用「日→台→中」模式，亦即日本企業透過台灣據點擴充與新設，是日本企業結合日本關鍵技術，達到擴大中國市場占有率，最普遍的模式。台灣瀧澤、大同大隈、崴立機電等三大據點均採取倍數的擴廠模式，積極掌握兩岸新商機。倉敷機械與OM製作所等日本中小型上市工具機企業的來台設廠，以及本文中所提及絡繹不絕的考察與洽商，說明這個風潮才剛剛開始，有可能繼續發酵。

●接受日本OEM的三個發展方向

　　本研究整理準力機械與大光長榮的案例，以及前述台灣據點與日本母公司的OEM或ODM關係，發現台灣廠商（含日系據點）接受日本委託開發與製造，有三種發展方向。

　　第一類是「台→日」型，亦即台灣生產、銷售日本市場，以

大光長榮最具代表。此類產品係以日本廠商為競爭對象，屬於高階產品，附加價值最高。

　　第二類是「台→日→中」型，亦即台灣製造機械本台部分，到日本結合核心的本體或部件後，以日本製機械銷售中國市場。複數企業正摸索此類策略性機種，雖然有利於附加價值高的高階機種，但因不能享受到ECFA的減稅或免稅機制，尚不十分普及。

　　第三類是「台→中」型，也就是台灣組裝完畢之後直接出貨到中國大陸的模式。這種模式有些是由日方主導出貨到大陸的日商，如崴立機電的TOYODA機種。有些則是比較低階或傳統的機種，甚至部份日本已經停產的機種，因為ECFA而復活，對日本恢復提供完整產品群而言，則屬於一項全新的價值。

　　整體而言，ECFA帶動的OEM、ODM或零組件相互活用，今後可能朝向零組件相互供應、「中品級產品台灣出貨、高品級產品日本出貨」的新分工模式，聯手進一步開拓中國市場。

●帶動台灣據點能力提升

　　積極在日本設立據點的東台精機與高松友嘉，以及前述「台→日」型的大光長榮，剛開始不見得有立即的期待獲利。理由是日本市場的產品售價固然高，但對產品的要求也非常高，這正是過去少數台灣企業鎩羽而歸的原因。我們在這三家企業看到令人振奮的現象。他們擁有熟悉日本市場與技術的人才，重視來自最終使用者的回饋資訊，積極學習符合使用者需求的產品技術，勢將帶動台灣企業能力的全面提升。

●台日互補，創造三贏

台日企業間的互補十分明顯，如果聚焦中國市場，台灣的產業群聚優勢、企業活用外部資源能力、對中國市場銷售能力，剛好都是日本最弱的環節。因此，不僅日本企業經由台灣據點的設立或與台灣企業結盟，能夠找到全新的市場機會與競爭力，技術基礎雄厚的日本高階人才，也能夠在台灣找到充滿生命力的發展空間。

同時，9個案例都顯示，台日工具機企業的合作，可以創造日本企業、台灣企業（或台灣日系據點）與最終使用客戶的三贏。企業將因客戶的肯定，以及台日合作取得的額外利潤，得以存續與發展。掌握此一契機，用比較長期的視野，致力於國際合作、技術與管理人才的全方位培育，以及根植產品技術與現場管理的企業升級，是他們的重要挑戰。

●呈現動態變化

ECFA剛剛上路，兩岸國產率問題受落日條款緩衝期等影響，台日工具機的策略聯盟所呈現動態變化，本文不盡然能夠全盤掌握。除了國產NC控制器取得了全新的發展機遇之外，發那科的來台組裝也勢在必行，大同大隈也可能被迫內製控制器，仍有很多日本中小型特殊機種的全球領導型企業，可能選擇台灣。甚至一種以亞洲工具機企業為中心的合縱連橫，也可能局部發生，值得密切觀察。

ECFA趨勢與TAMA協會的
活動和實踐

岡崎英人
（一般社團法人首都圈產業活性化協會事務局長）

內文重點

| TAMA協會背景與功能 |

•

| 會務由經產省與會費收入資助 |

•

| 重視產學合作 |

•

| 積極推動台日合作與招商 |

•

| 台日合作進軍大陸市場 |

　　首先我要向台灣企業表示感謝。因為在3月11號遭受地震，之後還有地震跟核輻射問題。在三年前我們認識的朋友，雖然我所在的地方沒有受災；但是，它們透過我們的協會捐了一萬美金給受災的地區，真得讓我們感受到台灣朋友非常友善。

TAMA協會背景與功能

　　今天要跟各位報告的是日本的中小企業，特別是擁有高端技術能力的中小企業，需要我們提供協助時，不只是要提升其技術能力，而是要把他們的技術能力拿到海外地區，這是我們目前協會從事的主要工作。TAMA（Technology Advanced Metropolitan Area）的意思為何？一方面是指我們是在東京地區的TAMA這個地方，另外還有技術方面擁有先進技術的涵義在內。今天要談TAMA協會提供的協助，比如說如何提供研發？如何來協助海外拓展？我們要如何利用ECFA簽署之後，加強與台灣之間的交流？

　　首先介紹我們的協會，我們協會是在埼玉縣的西南部，或是說在東京都的TAMA多摩地區。這個地方被稱之為非常廣闊的多摩地區，位於國道16號，是連結全國的樞紐。這地區有幾個特色，比如說有很多中小企業擁有自己的技術，生產自創產品，並且有很多企業可以從事特殊的加工。除此之外，像母公司在其他地方還有很多的大學或研究機構，這邊也有許多大學及研究機構的設置，大約有80幾間。另外有些過去在貿易公司上班的人，退休之後又回到這些地區，變成經驗豐富的企業OB，他們也可以

來擔任顧問的工作。

會務由經產省與會費收入資助

　　我們的活動為何？我們是接受日本的經產省資助。首先會從企業這邊收取會費來維繫組織營運。我們主要是中小企業所組成，差不多有300多家是我們的會員，其會費一年是17萬日幣；另外，大學有41間也是我們的會員。除此之外，包含日本東京埼玉有一都兩縣，共43個地區的地方政府參與我們協會。我們也和地方銀行來往接受其協助，因此我們擁有產官學，還有金融機構的網絡。在今年我們已經邁入第十四年，如果是以五年作為一個階段的話，我想我把它做一個整理來跟各位報告。

　　一開始的五年，是建立一個網絡。我們去了解在哪裡有學校、公司、技術；然後再過去五年，中小企業結合學校，或者讓中小企業間互相合作。在目前的第三個五年，我們要經營TAMA品牌，推動環境建置，並且要與海外地區合作。TAMA協會並非只是提供我們這地區企業的協助，甚至提供像北海道到南邊四國的一些企業的支持與協助。這是我們的策略，如果企業遇到比較難的題目，但最終目標也就是協助他們成為能夠行銷全球的企業。

重視產學合作

　　關於大公司的研發機構與我們TAMA協會中小企業合作的情

況。我們會將中小企業的技術整理在一張A4的PR報告內，把報告提供給大企業，讓中小企業能與大企業技術合作。目前中小企業有127家，大型企業有25家。總共針對169家進行會談，其中有56家已經不只一次見面。我們已經做了560家的PR REPORT。我們把企業的技術用一句話整理出來，將其規格、技術用簡潔明瞭的方式整理起來，並把資料放在網站上；除了做宣傳之外，也可以讓其他企業可以找到他們的核心技術。目前已經刊登的，中文版有140家公司，英文有360家企業的資料。在這方面，我們確實有一些成功的案例。

透過交流，例如在2006年的時候我們加強上游中小企業的技術提案能力，讓中小企業的能力獲得大企業認可。例如：有一家五億元的公司到2010年為止，他們的業績成長六倍，他們員工人數只有18人，2010年年營業額卻能達到28億日幣。我們TAMA協會展開海外交流始於2004年與義大利的交流，與台灣的交流則始於2008年，在今年希望拓展東協市場，計畫與新加坡展開交流。在海外地區會尋求當地顧問，顧問與我們有一個對口機構，透過對口機構，提供企業媒合。如果說我們沒有辦法做這些的話，是沒有辦法讓企業成功拓展海外市場。

所以這裡有如何提供企業援助的重點？譬如招商大會的媒合，還有如何招商、規劃，以及如何做追蹤報告，這都是我們提供的服務。TAMA在上海、台灣、韓國都有據點，台灣據點是近期才舉行開幕典禮，地點在台日商務交流協會內。我們在海外拓展時也舉行很多的研究會，今年有東亞商務研討會、歐美商業研討會，還有東協的商業研討會，我們會事先研習相關資料，學習

海外商業經驗；同時也會提供智慧財產等保護及收款不安等解決方法資訊，協助減輕海外拓展風險。

積極推動台日合作與招商

接著是談到目前為止與台灣的交流情形。按照我們目前的規劃，已在東京舉行三次的招商大會，還有三次的展覽會，現在已經請了很多廠商來參加。雖然歷史並不悠久，2010年實施的招商大會，這個是台灣和TAMA協會所產生新的交流。我們希望加強與交流協會台北事務所及其他合作機構等，包括台灣的工研院、和電子工業同業會和TEEMA協會，合作舉辦很多的研討會，媒合彼此間的合作，亦會運用政府的中小企業海外銷售管道，開拓支援事業補助金。

在2010年的交流情形，包含辦研討會、展覽會，在2月時也在台灣舉辦大型的招商大會，參加的日本企業公司有14家，台灣企業有90家，總共有141件協商案。台灣企業提出計劃書有8件，日台共同開發技術、共同研究有4件，企業繼續要加強研究的共有38件，總共將近有50件，整體媒合率達到35％左右。那我們在追蹤並期望可以締結合作契約，這是最主要的目的。這一次特別是在台北的事務所，我們在台灣有一個事務所，與當地的協進會合作。台灣的事務所雖然不是固定的員工，卻積極地從事台灣與日本之間的交流。

台灣很多的企劃案現在都已經提出，希望可以透過台日商務貿易會、TAMA協會和台北事務所，由TAMA協會的台北辦事

處，也跟台商的商務協進會在今年的十月分舉辦招商大會。我們在世貿中心五樓設置辦事處，積極開發與台灣企業交流的商品，並做展示；也請台灣企業來我們這邊，把其要求和想要的產品、技術，將資訊轉達給日本企業知道，並讓他們來參加在台灣舉辦的招商大會。

台日合作進軍大陸市場

也就是說目前兩個管道可供台日策略聯盟，進軍大陸市場。首先，台灣和日本的強項要能夠提升。希望能活用TAMA協會在上海的辦公室，然後在中國大陸市場希望活用台商在大陸的人脈，透過這種方式加強台商和日本在大陸的策略聯盟。然後拓展日商在中國大陸的市場。我舉兩個成功案例來說明。2月分時台灣工作機具的廠商和我們超音波主軸製造商，展開工具機的合作，透過ECFA將採用日本加工機的工作機具出口至大陸，提升微細、高精度加工工作母機在中國市場的競爭力。換言之，台灣與日本企業合作，今後不是只有台灣市場而已。也就是說，今後台灣的工具機將與日本共同進入大陸市場。

另外一個案例是日本振動計廠商，其振動計為手攜型，可以簡單使用於廣範圍測量；當我們機器會震動的時候，不同機器便會有不同的工具機來測量。透過台灣工具機的廠商和日本振動計的廠商共同合作，可向大陸出口維護功能更強的工作母機。整體來看，藉由ECFA可於中國大陸展開合作的機會，亦希望可以用合資的方式進入中國大陸市場，台日企業策略聯盟於大陸設生產

據點。

　　最後，我想要提出三點結論：

● 2011年2月舉辦了台日商談會，我們針對商談案件中，台日策略聯盟實現性較高的案件，透過TAMA協會台灣事務所的台灣相關人員的協助，進行必要追蹤以促成商機。

● 特別是台日策略聯盟案件中，利用ECFA拓展中國可能性較高的案件，採取重點協助，期望盡早創造成功案例。並且，仔細分析過程，作為未來企業的模範事例，變成良好實踐案例集，以利進行橫向拓展。

● 從已建立技術PR報告書的企業（560家）中，針對ECFA早收清單產業，呼籲其重點參與台灣交流事業，希望能創造出透過台日策略聯盟商業合作，搭上ECFA趨勢可能性高的案例。

台日商策略聯盟與交流平台建構

李富山

（台日商務交流協進會秘書長）

內文重點

| ECFA簽署後台日合作契機浮現 |

•

| 日本中小企業應強化台日合作努力 |

•

| 強化台日企業整合宣傳與服務運作 |

•

| 促進台日合作的構想和功能 |

•

| 建構有效率與服務性平台 |

　　當今中國經濟崛起，亞洲市場整合成型，以及兩岸經貿政策大幅鬆綁的情形下，台商在全球經貿舞台上的角色與實力，愈來愈受各國所重視。另一方面，日本一直是台灣主要的技術及投資來源國，但其國內市場已經飽和，必須向海外發展。若能善用台灣企業的優勢結合日本企業的品牌及技術力，然後與亞洲各國共同攜手開拓中國等亞洲新興國家市場，當可讓亞洲企業合作關係邁向另一新階段；並開啟亞洲協力合作，共同繁榮安定發展的新局面。

　　台日策略聯盟共同拓展大陸市場，是一個趨勢也是潮流。台日廠商的商務交流問題，追根究柢，就是需要一個窗口可以有系統的協助兩國廠商相互了解對方的商業文化背景，特別是雙方廠商在從事商務活動（參展、貿易商談會、技術投資訪問團等）後；若有常設的行銷資訊中心（交流平台——轉運站）繼續追蹤協助，當可提高其成效。可是我們如何在媒合以後持續進行追蹤達成這個目的，更是需要各界未來共同努力。將來我國政府在加強對日交流建立夥伴關係的搭橋計畫，應該要怎麼地搭，本人願就這幾年來的實務工作經驗、感受來跟大家分享。

　　本人於1984年進入外貿協會（包括駐東京、大阪兩地計16年）來，一直擔任對日經貿工作。到今天為止26年的時間，深感在協助我國廠商對日「擴大拓銷及促進台日中小企業經濟合作」等業務上，只有做到像今天的研討會、或者是台日廠商的商談會，似乎只是媒合，後續的追蹤輔導服務仍然力有未逮，無法完全滿足台日兩國業者之需求。雖然今天本人已從第一線退下來，但在第二階段人生上，本人希望這個夢想（建構一個交流平台

——轉運站，實現台日聯盟、花開全球）有朝一日能實現。

ECFA簽署後台日合作契機浮現

2010年6月29日，台灣和中國大陸簽訂ECFA（兩岸經濟框架協議），10月31日台北松山機場與東京羽田機場開始對飛，兩地一日生活圈已成型，台灣儼然已成為亞太的經貿樞紐，多國籍企業投資與產銷合作最佳據點。對有意拓展中國市場的日本企業來說（包括為減輕直接進入中國市場風險的企業），與熟悉中國與日本雙方文化及商務習慣的台灣企業結盟合作，拓展中國市場，將可為台日中三國企業建構黃金三角創造三贏，因而有越來越多的日本企業想要藉此經營模式來擴大其版圖。

因此，為提高日本中小企業經營者更進一步的體認及關心，除須建構起台日兩國中小企業結盟合作的成功模式外，並須直接向日本中小企業提供台日結盟的相關訊息。有鑑於此，我國當局在台北成立「亞洲商務中心」，以便提供專業諮詢與行政協助等多功能的有機服務，盡全力協助亞洲各國企業推動廠商策略聯盟，已刻不容緩。

台北「亞洲商務中心」可與企業經營、財務管理顧問公司、監察法人諮詢公司等公司協力合作，共同提供法律、會計、稅制面的建言，以及人脈的介紹、產品、服務的扶植、技術合作等相關的媒合協助。特別是人脈關係面，可活用位於信義區的101商業區及世貿中心展覽館的資訊網，來孕育亞洲企業合作的嶄新型態。

　　「亞洲商務中心」著眼於亞洲市場的統合成形，除了提供辦公室、常設展售攤位，以及亞洲廠商在台連絡事務所等功能外；並將更加強各項商務的後續追蹤輔導服務，建構一個民營的交流平台「轉運站——行銷資訊中心」，落實台日廠商策略聯盟，花開全球，擴展事業版圖。

日本中小企業應強化台日合作努力

　　現在兩岸已簽署ECFA，還有中國大陸的「十二五規劃」，以及日幣大幅升值、日本東北震災後，實為台灣廠商的契機，應要好好掌握台灣黃金十年。對台灣的經濟策略優勢，要讓日本地方中小企業知道台日合作優勢，台灣企業會變成拓展中國等亞洲新興市場下最強的合作夥伴。先前談及策略聯盟案例和學術分析，都是大中型企業的分析。可是在中小企業方面，由於人力財力等問題，我相信更需要我們協助。我們的企業去拓展日本市場，如果會講日文的話，其實是不需要像我們與外貿協會等公益性機構的協助。現狀而言，我國中小企業的研發，技術進步很多，但因為語言不通、文化不同；雖然有意願、熱誠參加商談會，但卻為沒有能力，後續追蹤，以致未達成交易案例很多。未來政府在搭橋計畫方面應該好好規劃，以為台日企業求取最佳效益。為求整個亞洲的協力繁榮發展，我們必須要建立一個增進台日夥伴關係的追蹤整合平台，不容再拖延下去。

　　ECFA和「十二五規劃」以後，中國內需市場的追求，兩岸關係和平發展對台商應是非常有利基的。台日關係方面，我相信

大家知道台灣有親日族、恐日族和哈日族。在經貿方面，我想強調的是對日的貿易逆差一直沒有辦法改善，且逐年擴增。大家都知道在1994年開航的世界第一個海上機場——日本大阪關西機場，其工程費大約是150億美元。現在，我國每年的對日貿易逆差約為300億美元，換言之，我國每年送兩個關西機場給日本做禮物。另一方面台日兩國的交往方面，2007年日本製台灣新幹線通車，在台日本電視台有5台、相互承認駕照、90天的免簽證，還有打工渡假簽證，以及2010年10月台北松山機場和羽田機場開航等，台日兩地一日生活圈已成型。

總而言之，由於全球政經情勢變化，中國成為世界市場中心，兩岸經貿政策鬆綁，都讓台商利基增多。且台商在大陸經營布局成功，其實在大陸投資的仍以中小企業為主，約有10萬家，例如沐浴、理髮，台商影響大陸層面會比外商來得深和廣。台灣可以作為華人圈市場的Test Market，同時兩國經貿合作歷久彌堅、基礎穩固，信賴友善一脈相承，都是台日廠商策略聯盟最佳理由。

強化台日企業整合宣傳與服務運作

因為沒有正式邦交，所以相互理解不順暢；特別是日本中小企業對台灣並不熟悉。表面上兩邊經貿往來似乎很熱絡，日本每年來台人數約有120萬人，但實際上扣除重複的人數，頂多60萬人。日本1億兩千萬人口，每年實際造訪人數仍然不多。所以，日本地方中小企業對我們不很瞭解，其實也不曉得台灣企業與日

本企業的合作成功案例。此外，日本的一些智庫，台灣學者參與的人數非常少。日本的中小企業多半對我們不認識，經過長期努力後，現在日本的企業都瞭解到，到大陸去一定要經過台灣。同時，日本的語言、文化習俗及溝通技巧都相當特殊。還有公益性機構的專業不足，又沒有很大的誘因，無法完全滿足台日兩國業者之需求。而日本政府機構與媒體，多數也對我國態度消極。

　　但是日本地方因為內需市場縮減、老年化及少子化的關係，非到國外發展不行。因此，台日兩國是有必要共同推動地方活性化，輔導中小企業創新轉型；特別是台日商務交流協進會在2010年3月10日改組成立，已跟日本中小企業龍頭日本商工會議所簽訂MOU。簽訂MOU的兩個理由，日本的中小企業全球化，比我們還落後；台灣的中小企業的ICT產業比日本進步，故日本也將2010年訂為中小企業全球化元年。台灣是有機會與日本廠商成立策略聯盟，原因在於台灣已經成為亞太地區的樞紐地位。不管是兩岸簽署ECFA、台灣品牌在中國的優勢，以及大陸也有意倡導學習台灣、愛台灣，華人圈內的同文同種的親切感等，由此可見一斑。但整體而言，在實務推動上，實質上仍缺少一個日本企業可信賴的整合服務及後續追蹤平台。

促進台日合作的構想和功能

　　如何建構交流平台「轉運站」？我認為可以由政府參與主導邀請工商機構，以及民間企業成立一家民營公司，建立台日商策略聯盟整合平台——扮演交流平台「轉運站——行銷資訊中心」

功能。但「轉運站」若由公益機構團體營運，恐怕專業不足，沒有誘因等難以後續追蹤輔導服務。因此，建構一個政府參與主導，而由民間營運的整合平台，持續彙集需求資訊；並建立專家顧問團隊，分析媒合，提供後續諮詢輔導，提升合作聯盟成功率。同時「轉運站」又變成一個網路，讓大家來建構自己需求，然後透過此平台媒合，資料的蒐集和資料庫，辦理研討會、說明會等，皆為平台的功能。還有一個是透過策略的理念，相互聯繫相互依存，各盡所能各取所需，才有辦法促成商機媒合成功的功能。

「亞洲商務中心」將來扮演促進台日中小企業商業夥伴的關係，還有供作日本各縣市在台灣的聯絡事務所。商務媒合後續追蹤的轉運站方面，我想應該是在搭橋計畫內，由政府當局、公協會、企業共同來做。台日兩國是生命共同體，隨著兩岸關係的發展，台日關係日益重要。兩國策略聯盟，不僅可以分享商機與心得，亦有利兩國經濟復甦與成長，更有利中國市場的健全與發展。

建構有效率與服務性平台

「亞洲商務中心」，為實現「亞洲友好、世界美好」目標，主要服務項目如下：

● 配合廠商的要求提供各種所需商務支援。

● 提供廠商各種適用於亞洲各國的文化及習慣等建議，支援及介紹當地的人才。

● 廠商的稅務會計、法律、經營戰略的企劃、金融投資相關
　諮詢、M&A、市場調查及宣傳廣告等支援。

● 活用位於信義區的101商業區及世貿中心展覽館的資訊
　網，提供重要人物與關係企業的交流。

● 延攬日本退休或離職的各行各業之經營行銷技術專家，建
　立技術專家人才庫。依照廠商之需求，辦理如何拓展國際
　市場說明會、專題研討會及技術指導等，協助亞洲企業技
　術升級。

● 設置常設樣品展示櫥櫃，陳列亞洲廠商之新技術、新製品
　及新服務等新創意產品，提供商情資訊，媒合商機。並透
　過本公司人才庫及協力機構廠商等，協助後續追蹤媒合，
　以促成交易。

● 辦理亞洲各國文化、語言、商業習俗、技術等商務講座，
　以協助亞洲企業長期培養接班人才，協助亞洲年青世代克
　服溝通上之語言、文化等障礙。

● 加強與亞洲各國工商團體、研發機構等，進行經貿商務、
　技術及共同研發等之交流，全力協助亞洲企業廠商爭取商
　機，積極進行產銷合作，共同開拓中國及新興國家市場。

● 設立「亞洲經貿資訊服務網」提供商情報導、各國商務交
　流活動等資訊、讓各國企業共享運用。

● 加強亞洲各國間青少年之交流，以健全世代交替；並配合
　打工度假簽證，加強各國間技術學術及文化觀光、長期居
　留等事業發展，進而增進彼此了解與合作。

附錄：

如何建構交流平台「轉運站」(一)

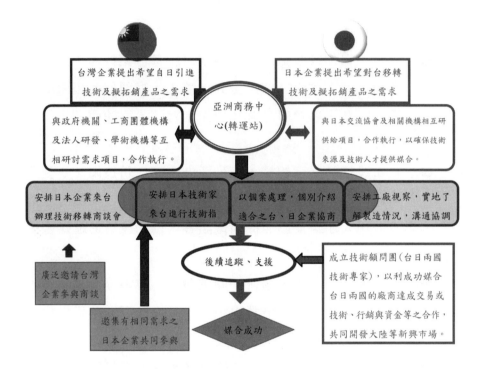

如何建構交流平台「轉運站」(二)

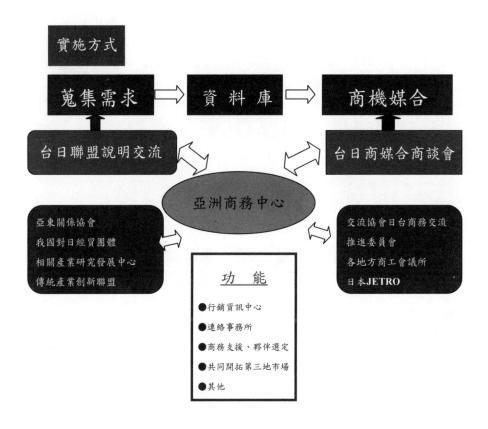

台日商務交流協進會工作機制圖

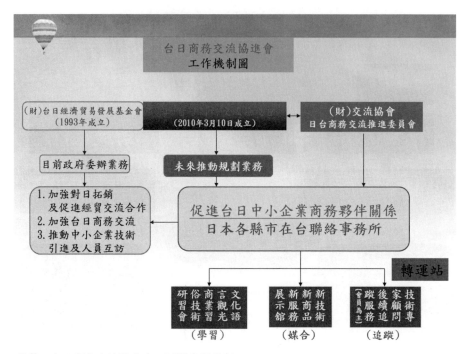

編製：台日商務交流協進會，2010年03月10日。

註：1.台日商務協議會與日台商務協議會為台日雙方對等之經貿常設機構，以加強台日
　　　兩國中小企業之商務交流為宗旨。

　　2.台日商務交流協進會：為（財團法人）交流協會日台商務交流推進委員會在台灣
　　　之民間對等團體。

台日策略聯盟動向
與對中小企業之啟示

末永明
（日商瑞穗實業銀行台北分行總經理）

│瑞穗集團長年在台灣所觀察的台日企業策略聯盟│

•

│台日商企業具高度互補關係│

•

│台日合作有助競爭力提升與銷售績效│

•

│親和性與信任感有利鞏固台日合作│

•

│透過交流與對話有助台日合作可能性│

　　首先向各位介紹瑞穗金融集團，其前身為日本勸業銀行，並於1959年成立台北分行，為最早進入台灣市場的外商銀行。當時台日間貿易關係相當緊密，而政府僅授予台灣銀行及日本勸業銀行經營外匯業務之執照，由此可見本集團與台灣的關係具深厚歷史。往來客戶中，日本與台灣企業比例各占一半，但若以往來金額做比較，台日比例約為65%：35%，由此可見瑞穗金融集團與台灣客戶往來之密切。

瑞穗集團長年在台灣所觀察的台日企業策略聯盟

　　因本集團對台日策略聯盟已具一定程度的實務經驗，並希望以金融角度分享台日策略聯盟之發展性，以及未來方向性。故於兩年前，公司舉行成立50周年慶時，以強化台日間關係為目標，開始著手舉行以台日策略聯盟為題之研討會，並分別與經濟部投資業務處（2010年1月）及工研院（2010年12月）簽訂合作協定，共同推動台日企業合作。至今，許多日本企業原有的課題，已藉由台日聯盟找到解決方案，並進一步提升其成長動能，故對日本企業來說，台日策略聯盟為有力的企業戰略。另外，關於近來台日策略聯盟之發展與動向、目前日本中小企業面對的問題、日台間策略聯盟之具體狀況，以及未來將面臨的課題已成為大家關注的議題。

　　對日本企業來說，策略聯盟已是刻不容緩的議題。目前不僅是先進國家，開發中國家的競爭也極為激烈，過去一步一步地經營發展方式，已缺乏競爭力。在追求速度感的時代，單一企業已

經無法在此環境中繼續生存，故須藉由日台企業聯盟、合作，達到雙贏局面。以下三點因素說明日系企業進行台日策略聯盟之必要性，及其有效性：

●親和性：雙方的民族性較易建立彼此信賴關係，故台日雙方國民具良好的信賴關係。

●互補關係：促進商務往來上之雙贏局面。

●成功率：藉由「台日企業結盟」，提高雙方在中國大陸發展之存活率。

接下來將介紹台灣企業和日本企業各自之優勢及強項。

台日商企業具高度互補關係

台日間在許多面向具高度互補關係。在經營力方面，台灣企業決策迅速，並同時具備生產、管理之效率性，及資金籌組之能力，具極高的商業手腕。另一方面，日本企業擁有優良經營管理方式，包含組織管理、強調對組織之忠誠度，及著重品質管理。其次是國際性，台灣企業在中國、亞洲地區已累積事業發展之know-how與經驗，並擁有華僑人脈；同時擁有語文上的優勢，及在中國當地的品牌力。在商業敏感度方面，亦對開發商機具高靈敏度，良好的應變能力，並勇於承擔經營面風險。日本之強項則在於其技術能力與品牌能力，包含研究開發力、品質管理力。日系製品深受全世界高度信賴，並具良好品質與高安定性。

我們也可從統計數字來觀察，日本企業在經過策略聯盟後，是否能夠提升其持續經營的可能性。根據瑞穗金融集團旗下的智

庫，瑞穗綜合研究所的伊藤信悟上席主任研究員所做的統計，結果顯示日本企業透過台日合作進入中國大陸市場時之存活率較高。日本企業與台灣企業合作後，進入中國大陸市場的存活率達78%；而日本企業獨資或者是跟中國企業合作，其平均存活率則是68%。其中存在10%的差距。

　　台日合作進行中國投資的存活率較高。而未來的台日策略聯盟，也需要朝向新的階段發展。當前外在環境發生變化，越趨於多樣化，中小企業持續前往全球市場發展。在這一年中，媒體上已經報導的台日策略聯盟有多少？經統計，其領域非常廣泛。在過去一年中，如果用數字來看的話，被報導的有102件，亦即平均每三天就有一則報導，其業別也很廣泛。值得一提的是，100件中的半數與進軍中國大陸市場有關係，是以開拓中國市場為目的之台日策略聯盟。我們看到的業別、業種很多，且合作型態上也很多元，包括活用既有合資公司、新成立合資公司、技術合作等等。

　　那麼，台日策略聯盟之主要目的為何？首先是技術合作，其次是擴大銷售的網路。從技術和銷售兩點來進行合作，僅僅過去一年，就已經有這麼多的案例。目前日本的中小企業所處環境為何？如果只畫地自限於日本國內，則日本國內市場逐漸在縮小，亞洲的市場卻相對地持續擴大。相較於其他國家，日本的FTA戰略或有落後之處。因為日本政府已簽署的FTA，只占日本整體對外貿易量的16%。此外又面臨日幣升值，並且日本企業還有文化和漢語的問題。我們對日本企業做了一份問卷。詢問日本企業進入印度、中國時，他們認為哪些是比較困難的部分？其中針對有

關中國市場的問題，多數的回答都提到勞動成本、法規制度、嚴酷的競爭、智慧財產權的保護等課題。在另一份不特別指名國家，而對中小企業詢問前往海外市場會面對何種困難的問卷中，有一部分的企業回答沒有前往國外發展的必要。即使是回答有意前往國外發展的企業，也有部分公司受限於缺乏人才，以及海外的know-how。因此，特別是難以前往中國大陸市場的企業，則更應該要結合台灣的力量。對於有意願在海外市場發展，卻無法獨自前往的企業，我們會建議他們考慮與台灣企業進行合作。瑞穗實業銀行台北分行接受財團法人交流協會的委託，針對16家主要是中小企業的公司，進行「台日企業結盟成功事例」的案例研究。本次成功案例的研究結果，也印證了上述台日企業合作的種種優點。

台日合作有助競爭力提升與銷售績效

我們的研究成果指出，日本中小企業獨自發展海外事業有相當的困難性，因此需要找尋可進行企業結盟合作的海外公司。因而有些案例是透過朋友、往來客戶、其他團體的介紹而促成了台日企業結盟。例如透過台日經濟貿易發展基金會所搭的橋，讓兩家不同的公司結合起來，提昇技術和營運能力。另一個案例則是台灣企業為了提昇競爭力，在其自身所擁有的高效率生產能力之外，再加上與日本進行技術結盟，方才成功。透過案例分析，才能真正了解策略聯盟的目的為何。其中，最多的意見指出當初台商是看上日方的技術，而日方則看到台商節省成本與行銷的能

力，以及擴大海外市場的部分。整體來看當初之合作目的，多數日本中小企業希望「透過海外生產降低成本」、「加強海外市場之銷售」；台灣企業則希望藉由引進「日本技術」，解決自家公司之課題，並且掌握新的商機。

其次，透過原有商務往來公司之引薦，或是透過朋友介紹，過去從這類方式之中產生許多商機，也是相當常見。例如：TAMA協會或金融機構等單位發揮了做媒搭橋的角色，由政府單位舉辦的商談會也是一個進行仲介的場合；最近銀行發揮介紹人功能的案例也日漸增加。第三是從互補性去觀察。根據我們的研究，有些日本中小企業透過台灣企業有效率的生產與管理之後，比起原本在日本生產所減少之成本達30%~40%。同時因台灣企業擁有技術力之基礎，較易接受日方的技術移轉。此外有廠商指出，台方降低成本能力強，進行成本結構改善的速度，甚至超過原有計劃；並且擅長直接在當地採購材料，其速度並不亞於日本商社。此外，台灣企業能夠臨機應變，應對中國大陸當局及當地企業，又能理解日本人之想法與日本文化；並且能夠使用中文、日文、英文溝通，在語言上占優勢。更有甚者，能有效率地進行市場開拓和培育人才，與其他公司合作完成目標。因此，他們經常讚賞台灣企業的「經營力」、「國際性」、「Business Sense」。

相對地，台灣企業則認為日方的員工忠誠度高，又有耐力、勤勉，能忠實完成工作，更難能可貴的是因為非常重視管理面的合理化，員工離職率低，所以易於順利進行技術的發展以及承襲。同時嚴守交貨期限，對品質及技術的要求度高，擁有嚴格時

程管理體制，整體工程管理與品質尚在歐洲之上，也不會誇口隨便進行保證。加上日本企業擁有悠久歷史，而累積業界之相關資訊及網路。因此對於台灣企業而言，他們十分讚賞日本企業的「經營管理力」、「技術力」、「品牌力」。綜合來看，雙方的強弱項剛好互補，形成一個具有高度互補性之雙贏關係。縱使在合作之初始階段發生歧異，但透過台日企業之間的互補性，應能獲得解決。等到加深彼此關係後，雙方又將會在新的事業上，採取台日企業結盟方式進行合作。

親和性與信任感有利鞏固台日合作

第四點是台日之間國民有非常密切的互動關係。台日合作時特別值得一提的是「親和性」，也就是說雙方的國民性易於建構信賴關係。同時，台商已充分理解日商經營之特徵，建構合作關係時最重要的信賴基礎早就已經存在。這種關係，特別對於中小企業而言，提供「連結雙方的契機」和「雙方接觸後的後續協助」是能夠成功的關鍵。因此，透過案例分析，就能看出未來台日結盟的趨勢。

關於台日企業結盟之趨勢，在策略上主要著眼於結合日方強項（品牌和技術）與台方強項（成本控制能力、在中國大陸之事業根基），此策略已行之有年，而且仍然持續產生效果。近年來在逐漸擴展到各種企業類別上，並且中小企業的合作案例也逐漸增加。例如：從電子業的OEM／ODM到食品製造業的OEM／ODM。此外，在ECFA和兩岸共同制定標準等推動兩岸經濟交流

正常化的政策助力之下，今後想必可期待有效善用此大環境下台日企業結盟策略效果。包括：鋼鐵、醫療、工具機、遊戲等，除此之外還有列入ECFA早收清單之項目，以及與兩岸共同制定標準有關的產業。

　　總結來說，在台日企業結盟發展中國大陸事業上，台商強項在低成本的生產模式（OEM／ODM）、販售通路、生產據點和生產管理；並且擁有取得中國大陸當局認可的know-how，以及在中國大陸的經營知識與人才。另外，也熟知大中華地區的文化。而日商的強項在於，商品品牌、新製品開發和研究開發能力，品質管理的know-how，及生產技術。雙方面形成高度互補的結合。又因應兩邊大環境的調整，台灣方面透過ECFA加強與中國大陸的交流，並透過兩岸共同制定標準，建構合作機制，同時強化品牌力和技術力的各項措施；日本方面則是深知自己在締結FTA策略的落後，加上面對他國的技術追趕，必須藉由壓縮成本方能因應。此外在面對日圓升值的當下，中小企業有被迫前往海外發展的壓力。

透過交流與對話有助台日合作可能性

　　為了擴大台日企業結盟，必須讓更多人了解台日間商務的模式與特徵。

　●必須改變日商在進入中國市場時，先入為主地認為：「在中國大陸進行企業結盟就要找中國企業」的觀念。不是只憑自己進入即可，還可透過台商的人脈；並且有擴大到發

展第三級產業的可能性。

●提升親和性，持續維持互補關係所需的努力。我們平時就
要繼續擴大商務之間的交流，還要包括文化層面等，都需
要持續進行交流，才有助於互相理解。

●提供企業接觸之機會，並且必須提供後續協助。需要建立
接觸的機會，並且投入後續協助，這需要透過很多相關機
構，大家來共同努力。這點特別是針對中堅企業以及中小
企業，是有其必要性的。

　　以上是從案例分析看到的結果。我們在中國和日本等地廣設
分行據點，並且與經濟部之間簽署促進投資備忘錄，我們希望台
日之間能夠持續舉辦相關研討會，也將致力於促進台日關係的建
構與擴大。

台日企業合作案例與實務

根橋玲子

（財團法人對日貿易投資交流促進協會對日投資顧問）

內文重點

| 全球化策略四大類型 |

●

| 台日商合作創造商機 |

●

| 台日商合作強化人才與環境結合 |

●

| 台日商合作案例 |

●

| 台日商策略聯盟成功因素 |

　　我在十年前通過了JETRO貿易顧問考試，目前從事協助日本中小企業國際化的工作。個人在財團法人交流協會東京本部工作期間，即針對台日企業策略聯盟展開調查研究。目前任職於財團法人對日貿易投資交流促進協會，擔任台灣企業及外資企業對日投資貿易的協助工作。

　　在2010年的中小企業白皮書內有談到，日本的市場目前不斷地縮小，因為日本的市場隨著高齡化、少子化而縮小，還有亞洲的新興國家明顯地呈現成長，中小企業若能盡早參與國外成長機會；特別是成長顯著的亞洲成長機會，將可提升日本中小企業自身的成長及國內創新。而中小企業出口或直接投資，可提升勞動生產效率，由於全球化發展，還可增加日本生產據點的就業。此外，中小企業國際化過程中，面臨資訊、人才、資金等課題，如何解決這些課題，成為國家及地方政府提供協助之當務之急。之所以在工商白皮書內談到此議題，恰是因為目前處於成長的日本中小企業，係其自行成長的過程中，巧妙參與亞洲為主的全球經濟發展。

全球化策略四大類型

　　綜合來看，中小企業為擴大國外銷售管道和提升技術能力，與外國企業進行業務合作及併購等案例不斷增多。日本企業併購方面，雖然2008年較前年之件數有所減少，但投資金額持平，呈現穩健成長。外資企業併購日本企業方面（OUT-IN），雖然2007年大幅增加，但2008年日本企業併購外國企業之（IN-

OUT）金額較前年增加約2.6倍，未來就擴大國際策略聯盟之觀點，併購趨勢值得關注。因此，我們針對日本的中小企業共計30家公司，做了一些問卷調查，在日本的國內，還有結合海外的事業，我們發現到非常多的案例，並將其全球化對策分為以下四種類型。

調查對象將與外資企業合作當作重要選項之一，其中與台灣企業策略聯盟案例方面，30家公司中有10家。第一類型：以獨資方式積極拓展海外投資之企業；第二類型：單獨進行海外投資較為困難，透過與外資企業進行事業合作或合資、併購等方式，開拓海外市場之企業；第三類型：由於單獨海外投資困難，或有意避開FDI而不開拓海外市場；海外拓展時採用與外資企業進行銷售上合作或技術合作等企業；第四類型：有策略引進外資（人才、資金等經營資源不足，或無後繼者存在事業繼承問題之企業）。我們在策略聯盟此議題中看到以上四個類型。

第一種類型是以日本的大企業居多，例如ULVAC九州。ULVAC九州生產 FPD、半導體製造用真空裝置機器，雖然是ULVAC（神奈川縣）集團下的公司，但採取財務獨立計算制度。ULVAC九州的母工廠位於鹿兒島，他們將母工廠之汎用品、大量生產品，在大客戶奇美實業所在地台南科學園區投資。其中ULVAC九州投資50%，它是ULVAC集團（包括神奈川總公司、台灣ULVAC）100%獨資的工廠。由於當初台灣的客戶需求旺盛，因此在台南科學園區設廠不到1年的2007年度12月決算時，投資第一年就出現盈餘、賺錢了。

第二個案例是平田機工（熊本），平田機工（股）是生產技

術顧問公司，其主力為FPD相關製造機器及部品製造，提供技術給友達。該公司於1999年起，分別在中國、泰國、美國、墨西哥、台灣陸續成立獨資子公司，其製造據點則依然留在日本，為就近服務顧客，於全球設立銷售據點。即使在市場環境極為嚴峻的2005年度、2006年度，該公司的營業額仍創下歷史記錄，等到創業60年的2006年於Jasdaq上市。這家公司投資台灣，最後也上市了，於是這家公司經由上市母公司產生回饋。

而日本企業進入台灣後會有哪些優勢呢？大家經常談到，台灣政府有很多優惠政策，與其說有優惠政策，倒不如說在台灣有他們的客戶。根據我們整理，茲列舉如下：

●行政方面之支援：基礎建設、水、電（爾必達）。

●優惠政策：減免稅措施（5年法人稅免稅等）、補助金等。

●群聚：零件廠商集聚（台南等地區）、大學及工程師眾多。

●中小企業：距離其顧客——台灣企業較近（奇美電子等液晶面板廠商）。

●大企業：全球競爭中加強台灣企業之策略聯盟（規模優勢及業務互補等）。

在我們談到單獨地前往當地投資之後，接下來是第二種類型。第二種類型是與當地廠商合作一起來投資。第一個案例是NITTO（長野）。NITTO（合作方—台灣企業，投資地點—台灣台南），這家公司是從事超精密平面研磨加工、液晶面板玻璃基板製造及銷售的企業，創立於明治時期的這家企業，由絲綢製

造業起家，1946年成為東芝、富士通等協力廠商。1996年針對
台灣市場進行調查，雖然一度放棄以獨資方式進入台灣，但在奇
美實業會長的強烈邀請下，2000年與奇美電子股份有限公司成
立合資公司——國際日東科技（股）有限公司，開啟了台南科
學園區之合資事業。台灣生產據點由2002年之12人開始營運，
2008年成長至擁有350人的公司（2008年總公司員工數為450
人）。2008年在台灣擁有公司新大樓，並且於日本國內也增設總
公司第一工廠，國內外事業均獲得成長。

　　接下來是山口縣的一個案例，即第二個案例日新
REFRATECH。日新REFRATECH（合作方—台灣企業，投資
地區—泰國），負責坩鍋（crucible）之生產銷售。20年來與
海外企業合作均透過台灣企業。台灣、中國、ASEAN各國之銷
售（含報價）均由台灣企業負責，付款均以L／C日元決算，因
此，交易類似日本國內交易無太大風險。於2006年前往泰國投
資，泰國工廠位於Prachin Buri工業區內，緊鄰合作方的台灣企
業。泰國工廠定位於生產部分小型品，以及針對當地日系企業之
銷售據點，而泰國當地企業之銷售則由台灣企業負責。2005年7
月設立工廠，2006年下半年較前年度成長5倍。2008年成立獨立
子公司「Siam Casting Parts Nissin Co., Ltd.」並開始營運。

　　第三種類型是未到海外市場去開拓，而是透過合作方進行合
作。第一個案例後藤精工（埼玉）。後藤精工（合作方—台灣企
業，市場—中國），該公司生產半導體外殼零件、半導體雷射、
水晶振動子、車用電子、行動電話等精密金屬零件。以「日本傳
承的製造技術」為概念，將技術研發企業「挑戰不可能」訂為

社訓。沖壓成型的模具均為自製、電鍍加工也採取自製，一貫生產（模具設計、製作→壓制→電鍍→檢查）為該公司之強項。2006年度之出口比率為40%，2008年度為50%、2010年度增加至60%，中國、台灣、泰國、新加坡為主要出口國家。

　　上海事務所作為銷售據點，目前沒有在中國設立製造據點之計畫。競爭對手之日系企業已在中國投資，品質方面該公司具有優勢。資金回收方面，不考慮與中國當地企業直接交易，因為和台灣企業已有20年的交易，付款信用良好，因此採取出貨後付款之方式。由於直接請中國公司來進行消費會比較困難，所以跟台灣的廠商來進行合作，交由台灣的廠商來開拓中國的市場。因為此種合作模式對其資金回收較好，獲利也較佳。

台日商合作創造商機

　　此類型的第二個案例是井口一世（埼玉）股份公司。株式會社井口一世（合作方—台灣企業，市場—台灣、中國）。該公司認為「未來留在日本的產業」為生產啟動、生產用備品、服務性零件，因此投入無模具彎曲及衝壓降低成本之加工、生產與模具加工具有同等品質的產品。該公司採用最先進的雷射衝壓複合機及彎管機，採用沖床及彎管機為主的板金加工替代模具沖壓加工，以及切削機械加工進行零件生產。2003年與2006年之營業額分別為3億3800萬日元上升至13億8000萬日元，4年成長4倍，員工人均產值為1億2500萬元。加工成本從傳統之3分之2降低至3分之1；此外，無需模具保管及庫存管理。2008年為取得全球

市場，嘗試與台灣企業合作，因此與TAMA協會MIPRO諮詢。之後參與MIPRO所舉辦的商談會時，成功找到台灣合作企業，為服務台灣市場及中國市場客戶，正積極與台灣企業合作。目前考量該公司技術整體輸出，並未考慮技術移轉及海外投資。

　　第四類型案例是ALDETE（福岡）。它是一家LSI測試的新創企業，因為其擁有優良技術和未來性，成立當初就獲得外界好評，不過還是面臨經營上的課題。該公司曾考量與日本企業M&A，但由於條件不合而放棄。ALDETE公司創始人久池井社長，與好友台灣京元電子幹部菅野氏諮詢；菅野氏與台灣總公司進行條件交涉，結果全面達成ALDETE之期望，2006年12月展開資本合作。更換經營層後3個月，該公司便由虧轉盈。在此期間，從未裁員及縮小設備，2007年6月員工人數增加至40名，創造當地新的就業機會。簡單來說，它是一家台灣公司和日本公司之間有很好的信賴關係，有良好的技術與未來性，但面對一些經營上的課題。所以由這家公司，經台灣公司來購併後，創造當地一些就業機會。

　　此類型第二個案例是明電通信工業（山形）。明電通信（M&A企業：台灣希華晶體科技），希華晶體科技於2000年4月接收了明電舍（股）虧損事業——水晶事業，收購了生產水晶元件之明電舍子公司——明電通信工業，成立日本法人希華科技株式會社。目前針對水晶振動子、水晶發振器等高精度品，展開設計開發、製造、銷售。自從經營體制改變之後，達成毛利29%——其他同業無法比較之高收益率。2001年日本希華科技子公司於中國無錫設立工廠，成立希華科技（無錫）有限公司，提

供日系企業產品之生產及銷售。

　　另外，從2003年至今，台灣企業對日直接投資案例方面，列舉如下：

●友達光電（AUO）投資富士通顯示器科技液晶面板事業（2003年）。

●中國鋼鐵（CSC）與東亞洲連合鋼鐵成立鋼鐵半製品事業之日本合資公司（2003年）。

●金豐機器併購金屬加工機製造的住倉工業（2004年）。

●日月光半導體（ASE）收購NEC電子半導體後工程部門工廠（2004年）。

●長春人造樹脂（CCP）收購住友化學半導體封止劑用環氧樹酯樹脂部門（2004年）。

●東元電機（TECO）與安川電機工程部門成立合資公司（2005年）。

●廣達電腦投資三洋電機TV事業（2006年）。

●友達光電（AUO）收購了處於清算手續中的創投企業FET，並收購開發中的薄型顯示器「場發射顯示器（FED）」技術。

台日商合作強化人才與環境結合

　　關於台日策略聯盟如何創造新商機？我想有很多是以金額來講，以美國最多。以件數來講，從日本來的案件不少；從日本來講，不同階段會導入不同技術。在台灣來進行生產，台灣有這個

產業鏈、群聚，跟日本企業的合作，我目前還在研究群聚的關係，現在仍處於案例分析階段。整體來看，在台灣產業群聚過程中，工業技術研究院之功能，以及外國技術導入皆扮演重要角色。過往先行研究顯示：台灣經濟發展方面，產學研提供政府有力支援，投入急起直追日本和美國之產業，透過工業技術研究院（ITRI）及理工科系大學之技術移轉等，台灣技術新創企業及台灣企業活躍於全球。然而即使擁有尖端技術，若無培育產業之土壤，技術和需求仍難以透過企業加以實現。再者，如果只是ITRI或台灣擁有企業家精神旺盛的技術者，創造台灣高科技群聚仍未充分。故要繼續追問的是，台灣在經濟發展過程中，還有其他因素嗎？

於是，我們發現長期以來，日本和台灣有著緊密的關係，台日經貿交流具有重要意義。台日企業合作共創技術領域之新創事業，創新案例及台日企業技術人才為媒介之創新，能活絡並推動台灣經濟的發展。同時，台灣經濟發展某部份正來自日本技術所營造的「製造業環境和文化」（技術傳承時之言傳、身教，以及其他因素）。結合前面的討論，台灣新創企業不斷湧現之背景，乃奠基在台灣培育企業家的三大可能因素：首先是不依賴國家力量的自力自主企業家精神；其次是由於台灣在國際上處於弱勢立場，因此渴望經濟上的穩定；第三是台灣因經歷多樣人種、文化共存的歷史，因此更能順應多種價值觀。換言之，「台灣經濟奇蹟」的三要素即為：(1)高避險、經營管理能力；(2)旺盛的創業精神；(3)快速順應全球化。那麼，藉由台日合作等企業間交流，台灣企業家的創業精神能否為培育日本企業家有所幫助呢？

　　由此，延伸出台日策略聯盟培育新創企業的可能性。我認為這可能性來自下列三點：

●將日本技術移轉至與日本具有同質「土壤」及「文化」，且孕育新創企業的台灣，透過台日研究人員共同研究，將技術加以實現。

●有效運用具備技術革新（創新）功能之台灣群聚及育成，在日本或台灣培育新創事業。

●透過台日企業及研究者的互補創造新產業，能提升為台日雙方經濟成長貢獻，創造新商機、創造高科技新創企業之可能性。

　　所以，台灣與日本企業未來到底要怎麼做呢？我覺得雙方可行的嘗試如下：

1. 日本→台灣

(1)投資台灣新興產業

　　●太陽能發電、綠能（包括R&D）

　　●半導體裝置、維護領域

(2)於台灣市場銷售（B2C）

　　●可以銷售農產品、食物、飲食連鎖店、雜貨、生活型態產業

(3)銷售給台灣企業（B2B）

　　●如高附加價值素材、零件、製造機械等

2. 台灣→日本

(1)台灣企業、富裕層之日本購買（B2C）

　　●各種旅遊、高級住宿設施、日本限量品、藝術等

(2)台灣企業之對日投資（B2B）

●綠能領域至M&A

→工廠再造、事業傳承

●不動產投資

3. 於中國大陸及ASEAN地區之合作

●進入中國市場後之當地採購、人才管理等

●伴隨台灣企業海外投資，一同進入越南、泰國，並採取共同採購

4. 協助日本企業拓展全球市場

●與居住於日本的台灣人及留學生合作

台日商合作案例

台日企業策略聯盟相關的案例，在此列舉兩例說明，分別為六和機械與豐田，以及重光產業（味千拉麵）。首先來看豐田集團與六和機械的案例。

1.豐田集團與六和機械

概要介紹一下六和機械這家公司。六和機械（股），在台灣中壢和新屋皆設有工廠，於1971年6月16日成立，資本額：新台幣17億（約50億日元），董事長是孫照臨，總經理則是宗成志，公司員工約1,315名。2006年的營業額達到新台幣57億9百萬（約1,756億美元）。它們在中國大陸昆山等18個地點，都有豐田零件工廠與台灣汽車零件廠六和機械（股）的台日策略聯盟而成立的台日合資公司，其反映一個事實：即台灣Tier 1零件廠商為日

系零件廠商進軍中國，做出貢獻。回顧豐田汽車與六和機械策略聯盟的過程，起源於1940年豐田紡織與六和紡織，即雙方同為紡織事業的時代。兩家合作歷史如下：

1948年，中國山東省六和紡織創立於台灣中壢市（創業者為宗祿堂。創業家在中國大陸，以三和紡織之名義經營紡織業，因為國共內戰而來到台灣）。從豐田紡織、豐田自動織機購買絲及生產設備（織機）。

1956年為培育技能創立六和高級中學。

1968年透過豐田汽車協助，成立六和汽車（汽車組立），與豐田合作。

1971年透過豐田汽車協助，成立六和機械（零件、機械製造），與豐田合作。

1972年因中日建交，中止了與豐田之間的合作。

1972年六和汽車與福特合作，成立合資公司。

1985年豐田透過台灣合資公司國瑞汽車，向六和機械採購鑄物、車體等。

1990年～1991年豐田紡織與六和機械前往中國視察。

1992年中國昆山成立六豐（由六和機械、豐田通商、建台豐共同出資）。

1994年中國‧豐田工業昆山（由豐田自動織機、六和機械、豐田通商共同出資）。

2000年以後六和和豐田零件廠快速結合。

如透過豐田與六和的案例來比較台日企業，可得以下觀察：

	豐田零件廠 （日本企業）	六和機械 （台灣企業）
企業強項 （趨勢）	●高超的技術能力 ●高超的生產管理能力 ●技術人員培育經驗	●歐美型管理及快速決斷 ●積極運用全球人才及結合當 　地智慧 ●中華圈擁有豐富商業經驗
企業弱點 （趨勢）	●全球人才不足 ●決策過程繁複 ●中華市場之銷售及行銷經驗 　不足	●高超技術者不足及缺乏技術 　人員培養經驗 ●缺乏公司自有品牌 ●缺乏基礎技術研發

2.重光產業（味千拉麵連鎖）

(1)從失敗中學習是企業策略聯盟的關鍵

　　●進入台灣市場之失敗，主要是未選對策略聯盟夥伴。

(2)台日企業策略聯盟是否萬能？

　　●香港鄭威濤氏與中國人潘慰三足鼎立策略聯盟為成功關鍵。

(3)中國人喜好的日式拉麵，秘密在於台日策略聯盟

　　●第一代老闆為台灣華僑，融入台灣味發展出現在的湯頭。

(4)進軍中國的成功方程式

　　●在日本生產核心產品，保密經驗技能。品質維護從不放鬆。

　　●提供協助，創造連鎖最大效益。

　　按照案例分析的成果，一旦台日企業策略聯盟形成，對於雙方優勢的影響又為何呢？對日本企業而言：

(1)享受互補

●日本企業的強項（技術能力、產品品質管理、全球性品牌能力）

●台灣企業的強項（經營能力、全球戰略、技術學習能力）

●中國既需要對於語言及文化的理解，又希望運用產業集聚，且能因應勞務管理及政府關係。

(2)運用遍布全球的台商及華人網絡→銷往亞洲

(3)建立於信賴關係之上的長期合作關係

(4)台灣還有日語世代，能夠理解日本經營方式（因為本身長年的OEM經驗）。

　　此外，對台灣企業而言，一方面可讓具有技術及生產管理能力方面優勢的日本企業，和具有營運能力及全球策略優勢的台灣企業，建立互補關係。技術革新方面由日本企業負責，台灣企業將力量集中於營運管理，以及開拓第三市場時的人才培育和人才管理。其次，台灣企業較為薄弱的技術力、QC、品牌建立、流通等，可以委由日方負責。另一方面，透過OEM、ODM學習最新技術，以提升自身技術能力；與日系企業合作或者交易，也可以提升在台灣的商業信用度，達成企業永續發展。

台日商策略聯盟成功因素

　　因此，台日企業策略聯盟之所以能成功的理由，便在於：

●台灣存在著日本世代，以及台日企業文化可融性（相較於中國企業和韓國企業）。

●戰後斷交後，台日企業之間有著特殊的相關性和相互依賴
　之分業網絡（日本企業成為幕後—OEM無品牌）。

●了解相互的強項及弱點，建立互補之策略聯盟關係（台灣
　企業十分了解日本企業的強項及弱點）。

　　至於，台日企業策略聯盟對於日本企業的利基，反映在以下
幾點：

●管理方式不同：台灣企業為由上而下，日本企業則為由下
　而上。

●學習競賽：台灣企業之成長速度較日本企業更快。同規模
　之中小企業策略聯盟時，台灣企業維持合資之動機會先喪
　失。不過，偶爾也會出現技術外流及利益分配等問題。由
　於台灣企業不僅擁有日本式背景，並且受到中華文化及美
　國的影響，具有多文化之特性。而日本企業具有單一文化
　之傾向，因而兩者間有些部分能夠相互理解，有些則會誤
　解；故為維護信賴關係，應謹慎相處。

　　綜言之，台日企業策略聯盟拓展的可能性，我大概有下面幾
點心得：

●不僅是大型企業，中小企業也能台日策略聯盟。

●從中國市場擴大至ASEAN地區。

●台灣企業已將目標轉移至越南、印度。

●透過與日本企業在技術上之合作，掌握全球市場，從而開
　展亞洲全面性的策略聯盟。

　　最後，我認為由於目前日本的市場慢慢在縮小，也受到地震
的影響；還有在金融風暴後日本的訂單方面不如以往，因此日本

必須走向全球化、走向國際化。在這裡必須要運用台日策略聯盟來強化。

　　台日產品群聚形成及台日企業策略聯盟經營，以及技術革新的可能性，就在於：

●台灣企業家帶動日本企業創新。目前拯救資金周轉不靈日本企業之M&A正在加速。對於後繼無人的製造業而言，深刻理解日本尖端技術的台灣企業家的經營革新能力，是日本企業重生的關鍵。

●全球市場之日本中小企業、新創企業與台灣企業之共同戰線和協調戰略。日本企業將尖端核心零件之技術黑箱化，高精度零件於日本生產。如果能將海外市場的生產及銷售，整體轉移給台灣企業，勢必能有效分工，藉以推動國際戰略。

　　最後，之所以要和台灣企業組成策略聯盟，依據台日交流實務機構財團法人交流協會之報告，台灣具代表性的IT及半導體產業的台灣企業，其中97.8%藉由中小企業的協助，近年台灣中小企業已累積了能徹底控制勞務，以及生產成本的手法，具有導入的海外技術立即量產化的能力。若能將日本企業擁有的長年基礎研究所獲得的技能，結合台灣企業所具備的高生產技術及環境適應力，共同進入第三國家之益處無法想像。因此，運用台灣企業之亞洲活力，共同拓展全球吧。

旺旺集團台日商合作實例

王珍一

（旺旺集團公關委員會特助）

―――――――內文重點―――――――

| 旺旺集團與岩塚合作為互惠典範 |

•

| 台日合作互信需耐心與時間積累 |

•

| 台日合作多元，具文化與風俗因素 |

•

| 能否合作具現實因素與利益關係 |

•

| 後ECFA時期台日合作樂觀期待 |

旺旺集團與岩塚合作為互惠典範

旺旺集團主要是在1962年成立，1976年改組，老闆當時約20餘歲。當時老闆的父親在做鯖魚等罐頭，雖然蠻賺錢，卻也面臨原物料的問題。因此想找一個原料穩定的行業，後來與日本客戶談了幾年才成功，日本民族有其個性。然後因為台灣市場有限，我們需要拓展市場，於是我們1992年去大陸發展。到了2009年我們年營業額有16億美金。期間為了感謝日本的岩塚公司與我們技術合作，於是在1996年新加坡上市時，老闆便給日本岩塚公司5%股份，自此之後日本岩塚便入主旺旺的股份，後來下市後；該股份轉到香港旺旺公司的股份。

第二個案例是水神。與日本森永集團的獨家合作，微酸性電解水本來只是用於自家一級工廠與飯店的殺菌之用。現在在台灣已有工廠生產販售，此種合作並非傳統技術合作，而是買其專利來做；大陸則是於一級廠有此產品，以提供大陸的工廠和飯店消毒之用。因為不是藥品，而是作為食品添加物，因此可在一般商店販售。該產品有經過日本厚生省及台灣衛生署認可，同時本公司亦將其拿到美國申請專利。未來可能在生技業繼續發展，大陸各省官員對這行業亦感興趣。

第三個是2006年的新聞報導。義美是第一波進入米果行業，後來又退出米果市場。台灣很多做食品的製造業，現在在幫日本代工；因為日本企業原本是不開放的，要出口到日本很難，但現在它們願意釋放給台灣代工。例如：義美在三年前跟日本的米果製造商取得授權，開始代工；南僑則在2009年開始代工。這一

部分是給台商另外一條路的合作。可以跟日本技術合作，到日本去，不一定是去大陸。在我經驗內，除非是它無法自行進入的市場，才會進行合作；否則不會選擇與台灣企業合作進軍市場。台灣的企業亦然，台灣如果有技術的話，也會自行去進入市場。

訪談錄

問：旺旺集團與日商岩塚公司合作經驗，台商主要得益於日商在哪些方面？雙方信任關係如何建立？是否需要磨合期？

答：主要是技術合作的方面。因為日商比較具有know-how，具備專業技術能力，比較知道說如何生產商品。所以我們借用他的生產技術，後來去到大陸後，就靠本身旺旺公司的通路，鋪貨銷售。關於合作關係的建立，我們總裁認為能夠合作，一切都是緣分。旺旺老闆花了三年時間與日本老闆建立互信關係，從中讓日本老闆看見旺旺老闆的真誠及企圖心，方才建立足夠的互信關係。

台日合作互信需耐心與時間積累

所謂磨合期，比如說雙方的技術合作是之前就花很多時間在談，這確實需要花很多時間相互了解，以建立互信。不過，一旦簽定合作，便會勇往直前。因此，等到開始去做的時候，反而沒有什麼問題存在。原因便是我們花了很多時間在事前的溝通，還有彼此互信關係的建立之上。

問：旺旺集團推動多角化經營，與外商合作是否仍以日商為主？成因為何？是否現實利益、情感與信任為考量基礎？

答：旺旺集團多角化經營在外商合作的部份，您說得對！除了米果事業之外，當然還有其他的異業結合。在米果方面，主要是與日商為主，因為與日商已經有穩定的合作關係。事實上，整體而言，只要有意願合作的話，其實都可以合作。

台日合作多元，具文化與風俗因素

舉例來說，除了米果之外，米果是1976年就跟人家技術合作。可是在2008年旺旺老闆買下中時、中視、中天的「三中」媒體集團，到了今年中天便與日本的一家電視台拓展合作，涉及媒體資訊方面的交流與合作。而旺旺跟其他商人也是有合作，雖然說感覺好像不是那麼明顯。之所以與日商合作，主要原因是因為亞洲風俗習慣比較合。

換句話說，旺旺與外商的合作及多角化經營，當然是以現實利益、情感與信任為基礎；且由於同為亞洲國家，文化、飲食、生活習慣相近，因此有一些方面是和日商，或其他亞洲商人合作較多。但其他多角化皆以專業技術來進行合作，不會只考慮是否為日商。

此外，一方面互信認識很重要，另一方面也是情感。台灣和日本人的合作既有歷史經驗上的情感，也有現實上的利益。因為我們要進軍中國大陸市場，因為日本規模較大，台灣較小，故需藉助日本的技術與經驗，共同進軍大陸市場。如果沒有專業技術

與銷售能力，我們也無法跟他們合作；相對地，他們看待旺旺，
也是如此。

能否合作具現實因素與利益關係

問：旺旺集團在品牌、經營、內需通路開拓是否亦與日商之合作？
　　還是僅止於米果技術上的指導？

答：旺旺與日商合作集中於，或應該說較多在米果的技術合作，其
　　他方面較無。進軍大陸市場，主要還是依賴旺旺集團本身的能
　　力，跟日商比較沒有關係。舉例來說，旺旺之前也與韓商有合
　　作，例如之前做泡麵，便是與韓商合作。也就是說，除非商品
　　本身在大陸市場就有和特定商人合作，抑或商品的特質，兩者
　　決定合作的對象。

問：未來旺旺集團在大陸市場經營，是否仍藉助日商？後ECFA時
　　期，台日商合作前景樂觀嗎？

答：(1)不一定，端看是否有新產品或新技術。若能靠自行經營，大
　　　　部份的廠商皆會自主開發。另外，還要看是什麼產業性質？
　　　　抑或如果能夠自己去大陸，就會自己單獨前往。

　　　　　　以現實面而言，就是因為沒有能力，因而有需求，才
　　　　會與日商合作。不然，幹嘛跟日商合作？日商也是一樣，
　　　　它也是需要台商，才會需要合作，否則就會自己去大陸市
　　　　場。

　　　(2)後ECFA時期台日商是否會合作，端看個別產業及公司，

　　若有和日本密切合作，進出口或技術合作的公司應會受惠；為了大陸市場，合作會更方便，因此會更密切。

後ECFA時期台日合作樂觀期待

　　現在簽署ECFA之後，我們與日本，以及各國關係都會有進一步發展，原因就是要共同進去大陸市場。他們可以藉助旺旺在大陸經營的經驗、通路等，彌補本身不足之處。因為大陸市場夠大，加上現實上的需要，方能促成進一步的合作。所以我對後ECFA時期台日商合作，或與其他亞洲商人的合作，大致抱持樂觀的態度。

台日商中國投資的
策略聯盟案例分析

詹清輝
（日本城西大學大學院經營學研究科客座教授）

　　個人從事國際貿易實務已有30年。過去曾參與日商對台灣進出口及合資投資，同時也從事過台日商在中國策略聯盟實務。因而對近年來中日台三者間日新月異變化的商業環境，時時關心其報導。

台日商優勢與長處

　　台灣和日本商業活動展開策略聯盟時，常考慮到兩者的互補關係。對於活用優點，以及補足弱點之事，應為努力方向。

(一)日商的長處

● 經營能力：以日本人的特徵來看，認真勤勉的作業員，具有較高的公司歸屬意識，並且在細微的品質管理、工程管理等具有優秀的企劃管理能力。

● 技術能力：最近在環境領域和服務等方面，擁有世界第一的技術能力。

● 品牌能力：擁有世界居冠的企業，如Sony、Toyota和許多世界第一的品牌。由此可說，日本是一個擁有高性能、高品質之品牌能力的國家。

(二)台商的長處

● 經營能力：決策快速，對生產管理技術有效率。另外在電子產品和食品業，很多企業具備資金充足的條件。

● 國際性：在政治環境不安定以及國內市場狹小的台灣，從

以前就開始積極的在海外展開商業活動，並且有效利用華僑聯絡網在大陸擁有品牌實力。

●商業能力：台灣人以自己創業為目標。不到十年使台灣的液晶、半導體產業成為世界首位產業；另一方面，在優弱點的互補關係上。例如：台灣企業沒有技術和品牌，然而日本企業則是存在華語圈中，如何去適應不同地方的經營訣竅，和必須面臨的風險等問題。因此，成立這個互補關係的台日企業，藉由組織策略聯盟的方式，即能提高國際競爭能力。

與日商建立策略聯盟的優點

依台日經濟發展基金在2003年以「台日中小企業在三國合作的動向」對台灣62家公司做問卷調查，次序如下：

●增加商業機會

因日本企業習慣著重於集團制度：比方商社有三菱、三井、住友集團，汽車業有豐田、日產、本田、三菱，電機業則有日立、東芝、富士通等等，對每個集團會員會互相優惠，無形增加商機。

●藉共同研究加強競爭力

與日商不論合資合併或技術合作，都會共同研究產品設計、開發及銷售活動，讓企業營業提高競爭力。

●加強與日本互惠關係

如原料零件、生產設備代購、生產線設計、委託生產、定期

檢討會談，都可提高台日商互惠關係。

●共同開拓第三國市場

由於日商擁有全球性銷售網，對合資產品有銷售管道，因而對開拓第三國市場極為有利。

●促進產業結構改革

產業結構改革有內外因素，而往往外來因素促進改革相對增多。

另一方面台商對日商也有其優點：

近年來世界各國企業爭先恐後投入巨大的中國大陸市場，在中國投資企業中則以台商最為成功。而在這些台商裡，日商以各種方式加入。日商為求在中國發展事業，從台商OEM調度技術轉移、削減成本、利用銷售網獲得市場。

台日商對中國投資比較

當台商對中國投資活躍且經營定安狀態下，其對與日商的策略聯盟，如合資開發大陸市場、技術協力、共同開拓第三市場、委託生產的意願也會增加。和日商建立協力關係的優點，有增加商業機會、增強競爭力、共同研究開拓市場、技術經營管理向上、促進產業結構改革等有相當認識。

以下先對台日商在中國投資異同點說明：

(一)共同點

●基本上主要目的相同

台商與日商向中國發展，同樣尋求中國低廉原料及生產，進行銷售研究開發，追求龐大市場的潛力，同時也具追隨原有大客戶投資中國的傾向。

●製造業發展階段相同

台灣與日本踏入工業先進國或新型工業國的必然階段時，即製造業的競爭力有可能會喪失，面臨海外轉移探求生存之道。兩者皆面對產業層次上升，以及同中國產業分擔壓力。

●投資型態共通

台商與日商對中國初期階段，主要都是利用中國廉價勞動力的垂直型。隨著中國加工技術的進步與中國分工，逐漸邁向水平型。

●產業空洞化

面臨資本、技術、人才的空洞化。台商與日商中國初期發展階段，以勞動總體型產業為主，即比較低的生產技術。但是近年來其加工技術進步，在1990年代後半，中國已參與家電電腦通信機器的生產，此誘引造成台灣相當程度的技術資本的海外轉移，更使台日商兩者技術資本的空洞化，比如何加速台灣與日本產業升級的問題更加嚴重。

●產業再進口

隨同台灣與日本的資本比例，其再進口比例也相對增高。中國投資法規對外資有一定的產品比例非外銷不可。同時此證明中國取代了台灣，日本成為開拓第三國市場的生產基地。

●傾向集體化

台灣與日本大多數承包商是為跟其客戶向中國發展而轉移工

廠。一個企業帶著多數企業同行，並繼續維持原有的業務關係。

(二)相異點
●投資產業類型

依照日本貿易振興會在2000年對製造業進行實際問卷調查，日商顯然以大規模方式投資電機業、輸送及化學等機械；而台商則是電器產品、基礎金屬、塑膠產品、食品飲料、化學等製造業。

●政治立場衝突焦點

因中日兩國有正常邦交關係，兩國的貿易早期實施投資正常化。中日兩國的競爭和爭執，都以本國經濟利益為；與中日關係不能相比的兩岸關係，亦有敏感的政治因素。台灣當局主要基於中國擁有龐大市場潛力，允許台灣企業在中國投資。

●發展區域分布

日商初期發展集中於廣東、浙江、上海、江蘇、山東一帶，目前已逐漸向中國內陸擴大。台商基本上與日商相同，初期集中在廣東、福建，及長江三角洲，以及環渤海沿岸，如今也有向內陸移動的趨勢。

●投資形態

台商向大陸發展，初期階段以中小企業為主。近年來中國投資環境逐漸完備，大型企業也陸續向大陸投資。近年日本因國內經濟持續惡化，需求縮小，迫使中小企業接踵向中國尋求生存之道。

●比較優勢

兩者比較起來，台商在語言、文化、地緣占優勢；日商的中
小企業在語言、文化等方面面臨困難。

策略聯盟的實例

(一)SS機械工業有限公司

為引證上述策略聯盟的概念，以台灣SS機械工業有限公司
所採的策略聯盟，以及合資關係的內容來解說。

1. 海外合資年分

1984年與日本SK工業公司技術合作

1988年與日本FB產業公司、MB汽車、台灣TT通商公司合
　　　資

1994年與日本MS沖壓公司技術合作

2005年與日本JTEKT公司技術合作

2. 海外營業據點概況

Part 1 SZ（福建）機械工業有限公司

成立：1995年12月19日

註冊資本：1,445萬美元

投資股份：SS機械工業股份有限公司100%

員工人數：850人（2010年5月）

地址：中國福建省閩候縣青口鎮青口工業區

總面積：79,428平方公尺

主要產品：排氣管、消音器、排擋桿、儀表板、防撞鋼樑、
踏板總成、方向支柱、防撞桿、加油頸管、油箱、油底殼

Part 2 天津FS機械工業有限公司

成立：2002年6月14日

註冊資本：650萬美元

投資股份：SZ（福建）機械工業有限公司 45%

員工人數：475人（2010年5月）

地址：中國天津市西青區中北鎮營建支路夏利存車對過

總面積：60,000平方公尺

主要產品：橫梁、托架、補強板、消音器

Part 3 天津FBSZ機械有限公司

成立：2004年1月19日

註冊資本：1,182萬美元

投資股份：SZ（福建）機械工業有限公司 42%

員工人數：685人（2010年5月）

地址：中國天津開發區第十一大街以北、北海路以西

總面積：63,000平方公尺

主要產品：汽車零件及模具

Part 4 SFKY（廈門）機械工業有限公司

成立：2004年1月19日

註冊資本：800萬美元

投資股份：SS機械工業股份有限公司 35%

　　　　　　（以SUCCESS CASTING CO.,LTD.名義持有）

員工人數：255人（2010年5月）

地址：中國廈門市海滄區滄新陽工業區工業西園路88號

總面積：51,286平方公尺

主要產品：汽車轉向桿總成等

Part 5 OTICS機械工業（常熟）有限公司

成立：2004年6月15日

註冊資本：710萬美元

投資股份：SS機械工業股份有限公司 25%

員工人數：120人（2010年5月）

地址：中國江蘇省常熟東南經濟發展區廬山路101號

總面積：40,000平方公尺

主要產品：汽車引擎部品

Part 6 廣州FB汽車部件有限公司

成立：2004年9月29日

註冊資本：2950萬美元

投資股份：SS（香港）有限公司 32%

　　　　　　SZ（福建）機械工業有限公司 12%

員工人數：770人（2010年5月）

地址：中國廣州市南沙區黃閣鎮黃閣中路22號

總面積：105,000平方公尺

主要產品：制動器總成、電子控制燃油系統、模具及汽車相關零件

(二)重用日本人才的「和椿科技份有限公司」

此公司在1980年以「協力建高品質的台灣製造業」為宗旨而成立和椿貿易股份有限公司，隔年1981年開始進口代理自潤軸承、線性軸承等傳動驅動零組件。2001年更名為和椿科技股份有限公司。大膽的將技術導入前瞻性的策略，並精益求精從自潤軸承、線性傳動零元件、驅動馬達、自動控制、產業機械人、SMT後置程設備及LCD，半導體制程設備，以至於結合應用於建築工程的排煙裝置、制震裝置，在工業及工程領域中發揮重要關鍵角色。公司總部設立於台北，工廠設立於桃園，並在台灣中、南部分設營業據點，以提供當地客戶各項技術支援與諮詢服務。同時為了服務更多的客戶，在海外的泰國曼谷、日本東京、中國上海、昆山等處也紛紛設立分支機構，並於2010年在昆山設廠。

自1998年起至2005年和椿科技研發的產品，有八件獲得台灣精品，其中四件獲國家產品形象獎（一金三銀）。2001年獲第十屆國家磐石獎、第四屆小巨人獎。證明和椿科技經營成效與研發能力備受肯定。

和椿科技在台日商的合作特徵是重用日本人才。目前擁有二名都是副總經理和三名高級工程師，這在台灣是少見。他們具備豐富工作經驗。特別對製造業來說非常有益。可列舉如下：

●因他們曾深受分析手法的教育且擁有經驗，在從零開始的商品開發時，可減少以論理思考過程為主的試行錯誤。對

問題發生時也有分析能力可勝任。

● 他們曾在顧客要求很嚴格的日本工作過；在對品質思考和作法有異的台灣，可當模範。

● 在台灣執行業務只在被任命範圍內，一般互補互助行為很少；而他們在日本慣於應付組織的互補互助典型。

● 可利用台日雙方人際關係（人脈）溝通順利完成任務。

台日商策略聯盟的成功因素及興革提議

(一)依日本瑞穗銀行報告書舉出「台日商策略聯盟對中國投資」的成功因素有三項：

● 親和性

雙方國民很容易建立信賴關係。因台灣地理位置關係，精通日語的經營者眾多，容易溝通及傳達意思；且對日本文化及組織有所瞭解，使日商有安全感。

● 互補關係

台商在經營方面有其獨特之處：用整體成本加上有效的生產管理，比日商降低成本30%~40%，有基本的技術能力容易吸取日本的技術轉移。國際性方面：台商能柔和應對中國當局及當地企業，並具有中文、日文、英語等多語言的優勢。同時商業素質很高，對營業開拓市場、培育人才都很傑出。而日商則擅於經營管理，且對公司具有高度忠心，對工作認真負責，許多行業技術在世界上占有一席之地，且日本企業歷史悠久，擁有業界情報

網。

　　●長期成功率

　　依照過去台日商策略聯盟之415案例，發現投資中國以「台日商策略聯盟」的現地法人，其生存率是78%，而日商獨資者（包括合併）只有68.4%。

(二)SS工業機械善用「天時地利人和」，其成功因素可歸列如下：

●以示範作用投資大陸汽車零件製造廠。1995年SS機械工業股份有限公司以100%獨資方式在福建設立SZ（福建）機械工業有限公司，配合MB汽車（日本MB汽車）的生產線。

●運用在中國大陸SZ（福建）機械工業有限公司投資。分別於2002年對天津FBSZ機械有限公司出資45%，2004年對天津FBSZ機械有限公司出資42%，是一種轉投資的方式，可分擔中國國內風險。

●由母公司SS機械工業股份有限公司，在2004年分別對SFKY（廈門）機械工業有限公司投資35%，以及OTICS機械工業（常熟）有限公司投資25%，顯示母公司擁有雄厚的資金可操作。

●在2004年對廣州FB汽車部件有限公司，分別用SS（香港）有限公司和SZ（福建）機械工業有限公司各投資32%和12%，並善用香港子公司免稅優惠條件。

●公司上自董事長到現場課長級都可用日文溝通，不定期派

技術人員來日本研修。對日方的海外派遣幹部不管階級為總經理或技術部長、課長都接待無微不至，即使對退休者也一視同仁。善用日方資深幹部對現場技術指導，讓生產線規畫能夠事半功倍。有時開發新機械時，其製圖費等可免費獲得。

● 設廠初期以台日兩方幹部為主力，逐漸培養中國國內幹部，目前各據點都有大陸出身且獨當一面的經理級幹部，為研究、生產、營業而努力。

(三)建議事項：

1. 初期階段：

(1)對內應從大處著眼小處著手：台日商策略聯盟初期應慎重考慮事業可行性計畫（Feasibility Study, FS），其內容構造分五大部分：

● 銷售計畫（銷售對象、銷售品種、銷售數量、銷售單價、銷售金額）

● 生產計畫（生產數量、生產單價、生產金額、必要人員、設備、材料明細）

● 利益計畫（費用計畫、利益計畫、分紅計畫）

● 資金計畫（投資規模、出資比率、資金籌備、資金運用、資金調度）

● 事業進度計畫（具體實施日程表）

此為策略聯盟的營業指南，定期考核不可忽視。

(2)對外前車之鑑：執行人員實地調查，參考同行業過去的

寶貴經驗，以減少無謂的損失。

2. 成長期階段：重新考核策略聯盟得失

(1)人才確保：對有能力之幹部，職權加倍，特別是對大陸籍幹部重用。雇用日商退職中上層幹部，特別有海外長期駐點經驗的人員，借重其寶貴經驗。

(2)重估營業利潤：一般在5~10年，即事業由赤字轉為有利潤時，應考慮增資擴大廠房、增加設備、開拓新的市場，包括第二代子公司或第三代子公司的營業活動範圍擴充，生產技術和研究開發層次提升，以及商業風險的分擔重估。對於不良事業部進行裁員，長痛不如短痛，甚至實行提早撤退，將損失降到最小程度。

3. 安定期階段：

如何維持事業的長期成長，是所有企業的使命，以及如何達成預算甚至超越目標，是公司全體人員的任務。特別對事業遠景目光要銳利，慎重考慮繼續合作夥伴或中止關係，另外投入新事業，把握商機，也是增加公司利潤的方法。

台日商策略聯盟策略與案例

張紀潯

（日本城西大學大學院・經營學院教授）

內文重點

| 台日商策略聯盟：特質與優勢 |

•

| 倍樂生（Benesse）大陸發展幼兒教育 |

•

| 進入大陸和台灣的歐力士（ORIX） |

•

| 「Japan Desk」報告看台日商策略聯盟 |

•

| 在地人才培養是急務與重點 |

台日商策略聯盟：特質與優勢

　　台商與日商比較觀點：(1)台商具有日商所沒有的優勢，台商不像日商那麼死板教條，一切要服從日本母公司的命令；(2)台商在中國大陸享受同胞待遇，有其他外資所沒有的特權；(3)台日商對大陸投資的領域比較相似，也利於台日商策略聯盟。台日商策略聯盟的基礎是建立在相互信賴的基礎上，而實際在大陸採取台日商策略聯盟的日商，大多有在台灣的投資、經營的經驗。台灣作為日商進入大陸的「試點」「前站」發揮了極大的作用。以下介紹的Benesse和ORIX都是長期在台灣運營，且經營業績好的企業。

倍樂生（Benesse）大陸發展幼兒教育

　　教育是典型的內需型行業。因與人有關係，加上國家的政策限制是比較難以進入的行業。倍樂生（Benesse）於1989年投資台灣，在台灣開展幼兒教育。通過多年的努力，教材的本土化，Benesse取得了成功。現在台灣有17萬名會員，也就是說10個台灣兒童中，就有1位是Benesse的會員。Benesse把台灣作為「試驗區」，並想把台灣的經驗推廣到大陸。

　　Benesse對大陸投資的目的，主要受「推力」和「拉力」的影響。從「推力」分析，日本受少子化的影響，幼兒教育在日本已經沒有很大的市場，台灣也同樣如此。從「拉力」看，大陸擁有世界第一的人口，13億人口中1～6歲的幼兒人口超過1億。那

麼Benesse是如何占領大陸市場的呢？

　　2000年左右，Benesse首先在廣州投資開展幼兒教材銷售事業，但遇到許多無法克服的困難。例如，大陸不允許外商直接對中小學推廣教材、教具，在台灣的方法無法適用。大陸對義務教育階段的中小學教材、教具實行統一管理。其次，大陸對中外合資辦教育有各種限制。2006年，我接受Benesse的委託，對大陸(1)中小學教材、教具的開發事業；(2)大陸兒童出版物的編輯、出版、銷售狀況；(3)中外辦學的各種規定等進行了調查。主要對北京、上海、深圳等地區調查，並就以上三大問題向Benesse提交了四份調查報告。我建議：(1)Benesse不要單獨，而是聯合大陸兒童讀物的出版社，共同推銷兒童讀物；(2)Benesse應重視調查大陸兒童讀物市場，出版適合大陸市場的讀物；(3)Benesse應加強和當地政府主管部門的合作等。

　　2006年Benesse開始正式對上海投資，並和上海的出版社合資，以上海地區為中心推廣幼兒教育。Benesse並沒有像在日本、台灣那樣靠廣告推廣幼兒讀物，而是在上海南方商場等人多的地方設置「こどもちゃれんじ（中文名：樂智小天地）」專賣店。在專賣店裡放有許多例如「しまじろう（中文名：巧虎）」的玩物來吸引兒童。除此之外還舉辦和巧虎系列的小型表演會等活動。「在上海推廣幼兒讀物，始終重視台灣的經驗，把台灣成功的經驗活用到大陸的事業」（Benesse松平本部長）。大陸的總經理和副總經理均在台灣工作過，不僅會說中文，也懂得和中國人打交道；另有兩位台灣人派到上海，負責大陸的營銷領導工作。

「在中國不是簡單地把日本或台灣的教材翻譯成中文，而必須按照大陸本土需要，一切從零出發，實行幼兒讀物的本土化」，這才是Benesse成功的祕笈。現在Benesse已擁有30萬人的會員，預計在2015年擴大到1000萬人。除幼兒教育外，Benesse還準備辦就學兒童講座。

進入大陸和台灣的歐力士（ORIX）

歐力士（ORIX）是日本最大的綜合金融服務企業，在世界26個國家擁有275個據點，開展(1)租賃業務、(2)銀行、(3)OA器材租賃業務。2005年中國承認獨資金融企業後，ORIX於2005年8月在上海設立了ORIX上海，出資比例為97%。這是ORIX第三次進入大陸。ORIX是最早到大陸投資的日商，1981年ORIX在北京與中國外經貿部（現中國商務部）合作成立了「東方租賃有限公司」，因我夫人在外經貿部工作，所以我和東方租賃有限公司接觸密切，和當時擔任該公司總經理梶原健司（後任ORIX副社長）和柿本良先生都有很好的關係。但是1981年的投資最終結果是遭遇失敗。當時的中國還沒有市場機制，不按時繳納租賃費用，租賃的企業大多是國營企業，沒有信用。

第二次投資是對台灣投資。ORIX在台灣的投資獲得了極大的成功。2005年，ORIX把當時的台灣社長柿本良先生派到中國，擔任ORIX中國社長。我和柿本先生自1981年認識後，一直保持聯繫。我組織學生到台灣研究旅行，每次都要帶學生們到台灣ORIX光顧，請台灣ORIX的領導講解台灣經濟現狀和ORIX在

台灣的發展。

　　ORIX在大陸的成功經驗可以歸納為以下幾點：

　　一是ORIX靈活地運用了台灣工作的經驗，和Benesse一樣，把台灣作為「試驗區」，並把台灣的經驗運用到大陸。柿本先生1981年到大陸，又在台灣工作多年後，再次被派到上海工作。二是大陸經濟的市場化。三是允許成立獨資的金融企業。

　　2008年ORIX中國在中國的工作人員61人，上海、福州、深圳3個辦事處，註冊資本為3,200萬美元（從05年的1,000萬逐年增資）。營業分四個部門：(1)日資企業、(2)台灣企業、(3)其他國家地區（香港、韓國、東南亞及歐美）、(4)OA機械租賃業務。

「Japan Desk」報告看台日商策略聯盟

　　台灣經濟部投資業務處和野村綜合研究所台灣支店，共同執行日本企業對台灣投資的支援項目，該項目命名「Japan Desk」。「Japan Desk」係以在台灣日商為對象進行調查。這邊主要介紹的是2008年的調查情況。

一、將台灣作為面向大陸、華人市場的「試驗區」

　　在台日商工作內容之一是將台灣作為面向大陸、華人市場的「試驗區」。2008年，製造業中有30.4%的企業回答「把面對中國、華人市場的實踐試驗活動，運用到在台灣的廣告活動中」，比2004年的22.3%有所增加；非製造業為「13.8%」，比2004年的21.7%有所減少。

那麼為什麼要把台灣作為「試驗區」？製造業中51.4%的日商認為「與以製造業為基礎的台灣產業結構相適合」；28.6%的日商認為「在台灣能被接受的偏好，在大陸和華人市場也會被接受」。非製造業中選擇「在台灣能被接受的嗜好，在大陸和華人市場也會被接受」的高達75%。

台灣市場不僅有和中國人、華人一樣的嗜好、生活習慣，而且認同日本產品、服務。台灣和日本交流密切，親日性很高，日本的產品和服務的人氣也很高。根據日本政府觀光局統計：2009年去日本旅遊的第一位是韓國（158萬7000人），第2位就是台灣（102萬4000人），第3位才是中國（100萬60000人）。另外，據交流協會台北事務所在2009年12月～2010年1月實施了「台灣對日輿論調查」，其中「最喜歡的國家是日本」的高達52%，占第一位，遠遠超過「美國」的8%和「中國」的5%。在「對日本是否有感覺親切？」的問題中，回答「總是感覺到」的占49%，「感覺到」的占13%。這說明台灣人非常認同日本，故台灣的企業容易接受日本的投資。反之，台灣和大陸相似的產業結構（以製造業為主）也歡迎日本的投資。日本企業可以在台灣生產適應大陸和華人市場的產品，並在台灣積累對大陸投資、經營的經驗。

二、台灣日商的國際化發展趨勢

在台日商多具有對大陸據點支援的任務。在調查中，在「中國也有據點（兄弟公司）」的148家企業中，回答對中國據點支援的企業達102家（68.9%）。看支援的內容，回答進

行「營銷支援」的比率最高，占30.4%。第2位是「技術指導」（22.8%）。第3是「生產指導」（21.4%），第4是「市場調查」（17.4%）。在台日商對大陸企業支援的程度，遠高於其他華人國家。台灣的日商企業之顧客大多是台商。像ORIX在大陸公司所設立的四個業務部門中，專門有一個部門為台商服務。Japan Desk的調查也證實了這一點。Japan Desk「2004年的問卷調查」中，在台日商主要服務對象是「台灣企業」的高達78.3%，「日本企業」為54.5%，遠超過「一般消費者」（25.5%）和「其他」（12.6%）（複數回答）。

三、台灣日商積極對大陸投資

　　台灣據點和大陸據點的密切關係，通過出資狀況也可以證實。調查中，在台灣和大陸均設有企業的，由在台日商向大陸日商出資的企業占29.1%。這一比率遠遠超過其他國家和地區。

在地人才培養是急務與重點

　　台灣通過對大陸投資，加速了和大陸經貿一體化的發展趨勢。兩岸經貿的整合是大勢所趨。在這種情況下，日商如何加強與台商的策略聯盟，也成為不可避免的話題。如上所述，像Benesse和ORIX等有台灣投資經驗的企業，自然會在大陸投資中，重點發揮台灣工作的經驗；而沒有台灣投資經驗的企業，如何發展台日商策略聯盟，則是我們今後需要注意研究的課題。儘管台商在大陸經營中遇到各種各樣的困難，但大多數台商都能正

視困難，去努力解決問題。希望日商向台商學習，努力去實現原材料的本土化，增加大陸採購的比重，實現人才本土化，更多地提升和利用大陸本土人才。

台日商合作經驗談：
矽利光（Silicone）是我的人生*

王純健
（崇越電通股份有限公司榮譽董事長）

* 崇越電通（topco）主要代理日本信越化學株式會社所生產的矽利光（silicone）產品，如矽烷、矽橡膠、液態橡膠、矽油、矽樹脂、矽烷偶合劑、熱收縮橡膠套管、室溫加硫橡膠、(RTV I、II)、矽油膏、離型劑、塗料添加劑、常溫表面潑水劑等，初期在國內銷售，產品廣泛應用到各產業。

———— 內文重點 ————

| 漸進跨足大陸市場 |

·

| 同心同體才能創造合作與雙贏 |

·

| 具特色與魅力台商易爭取日商合作機會 |

·

| 西進服務業市場面臨尖銳挑戰 |

·

| 台商赴陸投資遠較日商更務實、彈性 |

·

| 台商人才當地化仍面臨瓶頸 |

·

| 政策開放思維與作法跟進，才能發揮作用 |

　　我本身是個從事實務工作的商人。我認識到矽利光
（Silicone）是從過去最早的紡織業開始，我發現silicone對於日
常生活等產業有相當關聯性，可以幫助改善一些民生產品的物
性，所以是一種很好的原材料。最重要的一次經驗是我於1970年
到信越化學在日本群馬縣磯部地方的工廠。那次的研修及經驗，
使我發覺到Silicone原來用途是如此廣泛和迷人，讓我很喜歡
它。

　　我合作的對象是日本的信越化學。它的全名是信越化學工
業株式會社（係日本東證一部上市企業），設立於1926年9月
16日，公司位在東京，資本金有日幣1194億元，2009年度的營
業額達到日幣9168億元。主要營業內容包含：PVC、化學品、
silicone、半導體用silicone，還有電子、機能性材料、機能性化
學品等。而崇越電通在台灣也是上櫃公司，但公司規模不能跟信
越化學相比。

　　我與信越化學是在1966年建立合作關係，1966年我從事
silicone販賣的業務工作，這是很重要的開始。直到1981年創立
崇越貿易（即是現在的崇越電通）。目前崇越電通資本金是新台
幣5.568億，2010年合併海內外營業額大約是新台幣68.8億。主
要營業內容是日本信越化學silicone相關產品銷售、販賣。

　　我們兩家公司合作的目的是產銷合作。因為信越是maker，
而我們的專長是通路。所以對於合作目的的認知非常清楚，他生
產的產品交由我販賣。我由台灣做起，第一個將信越的Silicone
系統性地介紹給台灣業界。合作開始後，信越於1986年投資台
灣，我們在台灣設立工廠──台灣信越矽利光，後來亦在大陸地

區設立工廠——浙江嘉善信越。大部分的出資是日本信越化學，我出資小部分，因為他是maker，所以他位居主導地位，我負責銷售的通路建立。

漸進跨足大陸市場

關於通路建立方面，為了開拓大陸市場，我們開始設立據點。1992年的香港，1995年的深圳，1997年的上海，2000年的廣州，2008年的北京，乃至今年2011年的蘇州、寧波，一步步地拓展大陸市場，我引進信越化學的產品，在大陸做有效的市場開拓。在中國市場的經營，首要注意到遵守當地的法律。因為早期到中國經商的少數人，為了競爭所以有走私、進口逃稅的人，那些人都已經不存在。所以我打從一開始就遵守當地法律（守法），到現在效果顯著。我講的速度，是指了解當地市場導向，做最有效的規劃，將產品在當地做最有效地配置。在中國地區內，成本觀念一定是很重要的。應對這個降低成本，控制品質，需要做全盤的規劃。在中國如果沒有抗壓能力，沒有有效地控制成本，是爭不了一席之地。因此，中國市場的經營，講究遵守法律、追求速度效率，還要控制成本。

關於ECFA效應，Silicone已被列入ECFA的早收清單。我的見解是：「強者恆強，弱者恆弱。」因為ECFA是一個平台，進入中國市場是要憑藉實力，而非政府給你一個賺錢的機會。是平台，代表人人有機會，只是個個沒把握。應該是強者恆強，因為有更大市場可以發揮效果；如果沒有實力者便會被比下去。

ECFA兩邊都要顧，沒有效率的公司，經營還是會遭遇問題，這是ECFA給我的感覺。在台日合作方面，各位專家研究很多，我所了解的是尊重對方的立場。因為日本的企業，其守法精神讓公司每個成員都很遵守，不能打破他們的規範。上面交代政策，下面一定是執行的。因此我們對他們的立場要尊重，尊重日本人的立場，要去了解和深入，這個在合作的開始便要做。其次當然要讀書，有常識更要有知識，必須要深入理解台日之間不同的文化。

　　文化和語言的結構不同。日本是很有禮貌的國家，說Yes很難，說No也很難，這都是彼此思考時要去考慮的問題。長久溝通之後，習性瞭解了，就會彼此尊重，產生很好的效果。在合作項目上，任何合作項目都不要預設不可能，要能共創商機，好東西介紹給台灣市場，有困難再議。日本人也是重感情的，也是理性的，有困難他也會協助你。長期互相來來去去，一起來努力，不要單方面想到自己的利益。

同心同體才能創造合作與雙贏

　　台日合作應同心同體。同心是指同樣的心態，一起做事，我們合作是像家庭一樣，所以誠實是合作的基礎。有些事情你能做到，才能去做。與日本人溝通要有耐心、給時間，日本人想法是有層次結構的，要去了解他，花時間去想這件事情一定是有他的理由，要有耐心與時間，這是很重要的部分。最後是掌握市場需求和快速回應。不造假，市場需要什麼我們回應什麼，大

家互信；加上耐性，絕對會成功。我已踏入此行業40幾年了，Silicone是我的人生，日本人信任我，我也有這樣的認知。有時我講一句話，就可以讓他們願意去思考和改進他們的策略，這是因為我們長期合作的關係。

訪談錄

問：日本311大地震後，是否有採取分散海外投資的思考？赴台投資是否有更多的意願？面臨障礙和阻力為何？

答：就我的想法而言，日本中小企業還沒有足夠的勇氣，可能也還沒準備好在海外獨自擴展事業。這是第一點。為什麼呢？

一、社會體制改變

以日本某公司為例，它在1990年代還是不錯的。但是為了改革社會制度，他們評估終生雇用制度效益不高，所以鼓勵老員工提早退休，其後遺症就是養才給別人用。很多在韓國的電子和半導體業成功的因素就在於此。因為那些專才被迫提早退休，需要賣知識腦力來賺錢，剛好韓國有人招手，於是就讓韓國得到利益了。日本改變雇用制度的結果，現在變成日商自己不行，反而要和其他廠商合作。比如面板等，自己人才流出去教他們；現在反過來變成要和他們合作。這就是日本國力自己的變化。

1980年之前，日本的3C一直外移，這是很好的，他們是一直往外開拓的。到了1990年代就開始不行了，這反映日本國力的變化，深層原因是整體日本的社會體制改變。

二、日本仍在尋找

　　日本因為此背景因素，所以一直在尋找。任何在你本身而言，有專長的話，有賺錢的路，他們就會和你一起合作。例如：康師傅希望國際化，引進外資。而日方看到，認為你建立的通路值得我投資，這就是我要講的重點。你有通路值得我投資，日商就會投資下去。

　　台商在ECFA之後，我前面講過ECFA是好事。但是強者恆強，弱者還是會繼續弱下去。例如在通路方面，大潤發在大陸開了許多家，他不講我們不知道。在一線城市和二線城市它都開，數量多了，國際投資看到覺得有通路可行，就會投資、合作。台商想要和日本合作，日方其實也正在物色標的。他不會自己去找你，而是在尋找、觀察在大陸的通路。因為台灣地區，老實說市場、機會變少了；大陸市場大，只要有通路意謂有東西可賣，日商就會願意合作。這就是合作的基礎條件。我認為我們台商本身應該要引導，要吸引日本人，人家覺得你有something special，日方就會願意和你合作，那就一拍即合，技術、通路、市場合作。

問：311核災之後有沒有強化台日合作？

答：這個還在觀望。因為他們有在思考，但是他們必須物色合適的標的。如果沒有可以期待的商機，那他們出去幹嘛？還是好好固守日本國內。311幾年才來一次，又不會每年來，他們還是會有這樣子的想法。所以說，如果他們豁出去、衝出去，又沒有任何利潤在，他們何必出走？我們勢必要有所瞭解，因為他們

中小企業是保守的，是缺乏勇氣的。因為大企業有國際觀，中小企業卻是保守。與他們接觸下來，其實很多中小企業沒有國際認知。他們在日本國內可以扮演中堅份子的角色，但是卻不見得有國際觀。

我到大陸經營，要與日方合作，也是會找中小企業中有something special的，我會把它拉進去。這是我的看法。這些方面他們有些中小企業是很優秀的，只是限於一家公司規模、觀念，沒辦法國際化。事實上是有這種公司，但需要仔細去找。我目前在東京有朋友負責找尋這種公司，成為仲介台日雙方的窗口聯絡人。任何有機會的，我們都可以談。

問：這樣等於企業自己設立平台？
答：設立平台很好。有實力等於有吸引力。

問：不用等政府來？
答：不，政府也要跟來。企業本身來設立平台雖然是很好，現在主要是政府在ECFA自我設限。對大陸來台投資設限，讓大陸錢沒拿進來台灣，反而讓自己企業的錢一直不斷地流出去。他們為什麼不來？因為我們說怕他們錢太多，把我們企業吃掉。在ECFA的事情上，心態在於你到底要不要吸引他們的資金？來台灣投資的沒有超過多少資金；而我們到大陸投資的已經到幾十億、幾百億資金，這等於我們的錢不斷地因為投資而分散出去。

台灣需要的是兩邊不斷的交流。生意的平台一定是強者

恆強。因為「十二五規劃」強調產業升級，要讓世界工廠轉
為提供國內內需。著重內需市場的考量，轉化勞動密集產
業，首先會造成勞工失業的問題。其次轉為內需是否有足夠
的量供給？人口那麼多，但是購買力是否如世界工廠做的東
西，賣到歐洲市場的那麼多。舉例來說，大陸觀光客雖然人
數多，但是會殺價；日本觀光客消費習慣很好，人少但消費
質量好。今天我們應該考量實質內容，考量層面愈廣愈好。

　　他們的內需問題沒有那麼簡單，內陸和沿海的生活水平
還是有差。口袋裡有大把鈔票的目前還是只是少數，13億
人口不是每人都很有錢。內需市場不能盲目，但是ECFA做
下去，那些有能力的台商，或是有些提早布局的就能愈來愈
大。例如康師傅、旺旺、大潤發，他們不是靠政府，而是就
這樣做起來了。做起來後，看到有利可圖，別人就會去投資
你。

具特色與魅力台商易爭取日商合作機會

問：所以這是非常現實的？只要有通路就能吸引。

答：當然。例如日本啤酒商，看到康師傅賣方便麵及水飲料所建構
　　的通路後，聯想到將啤酒置入應該會產生良好的販賣效應，於
　　是加入了康師傅的通路中。

問：我們有企管系的老師在康師傅演講，他問他們科長說待遇大概
　　多少錢？一個月有數萬人民幣。

答：這應該是指績效好的科長，不是指一般人。不過現在台灣和大陸經理階層待遇應該已經很接近了，幾乎等同台灣幹部。因為要馬兒跑就要給草，讓他們為老闆賺錢。這是觀念的問題。感覺上似乎他們有這麼好的待遇，其實應該不是指單一的每個月的薪俸，而是還有加上其他方面的績效津貼和福利待遇。總而言之，就是要公司賺錢。但是之所以公司會賺錢，是因為績效好的公司，他們一定非常節儉，注重成本。成本控制得好，再加上管理好，才能成為賺錢的公司。

問：你說你們在大陸做通路？通路其實也算服務業一種。你認為在日商投資，日商等於是負責製造這一塊，那你們是服務業？你們的分工為何？

答：也不全然是這樣。我與信越的關係，在兩個主題上，各有擅長。因為他們生產好東西，我來賣東西，兩個分工很清楚。他們製造，我們通路販售，幫它們賣。我也不會去設立工廠，不會生產東西來賣，這樣就不會有糾紛了。但是日商有時候做多了，也還是會想要自己設點來賣。不過我的反應是：「好呀，但有需要我時，可以再來找我幫忙。」

問：你賣東西不是本事，要收到錢才是本事？

答：這個我們做得還不錯。我們賣東西是有選擇性的。我們不僅尋找客戶，談妥付款條件，還要做市場調查，信用調查必須很仔細。以前在台灣的華南銀行曾說，我們公司的退票率是百分之零點零幾，這是很難得的。雖然在大陸，我們有些小小瑕疵，

但整體來說做得還算不錯。有選擇性地賣東西，這個觀念要堅持。因為生意不是一定要做大，最重要是錢要收得回來。因此，付款條件和信用管控很重要。

問： 要有好的商品才能這樣做？

答： 以前是拜託人，現在是好的商品，吸引人自然就會有人去買。要讓消費者口碑好，那就只能靠品牌了。好的銷售通路也可以建立起好的口碑，讓製造好的商品者有機會換取現金。

西進服務業市場面臨尖銳挑戰

問： 其實，將來台灣的服務業要進軍大陸市場，將面臨何種機會與挑戰？你能否就你經營的行業，提供相關的經驗或建議嗎？

答： 我們經營是有方向性的，雖然也是有很多競爭者，但我們做Silicone所建立起的銷售通路，還是口碑不錯的。全世界向我們買很多Silicone，這個是因為我們有special，我們人才留得住。很多像我們一樣的服務業，本來在台灣搞得很不好，正好大陸有機會，然後就活起來了。這方面的企業很多都是這樣。

到大陸的話，過去很多傳統中小企業可以喘口氣。不過，因為你過去了，然後大陸很多人吸收，學習能力很好；在街頭邊上班，沒多久就在街尾開業了，徒弟打敗師傅，因為成本更低，又能順利生產商品。過去的那批小企業已經淘汰掉了，現在有稍微規模的，如塑膠鞋廠等等，因為工人等等問題，都面臨很大的困難。

問：現在台灣的服務業要進場，你們在大陸的通路經驗又比台灣其他行業還來得早？你們在大陸開拓通路，尤其是與日商的合作經驗為何？

答：第一個，通路不要跟日方合作。通路是要自己建立，因為經營你的通路，別人的看法不一定和你一樣，他就只有踩煞車；只要你有power賣東西，他就會給你。因為一個付錢，一個出產品。

問：所以你要辨別好的與壞的客戶囉？

答：當然是。如果不能辨別好的與壞的，還能在社會存在嗎？

台商赴陸投資遠較日商更務實、彈性

問：所以這是台灣企業的彈性嗎？

答：因為台灣和中國本來就是同宗同源。大家在大陸經商，一定會聽到過他們說：「沒事沒事，沒問題。」這背後其實問題可大了。口頭語一出，日本人覺得沒事那就沒事了。習慣用語上其實代表各種不同的狀況，必須有同文化的台灣人才能辨別箇中奧妙。

問：日本人給你的要求很高？

答：日本的要求當然高，因為絕對是比照一個公司的政策要求下去。但是相處久了，還是有感情的。不過日本人很謹慎，需要有人在前頭，否則不敢去的。就如同台灣俚語所說的：「走在

前頭怕老虎咬，走在後頭又怕被妖魔抓去不見了。」所以他們
喜歡選擇走中庸路線。

問：做通路需要什麼條件或有什麼教訓？

答：首先公司要有好的人才，好的人才就需要善待員工。這是基礎
條件。善待員工，要如何善待，這就是know-how。端看當事人
和經營者，願不願意善待；善待不是給錢就沒事了，這其中還
有很多經營管理上的學問。

台商人才當地化仍面臨瓶頸

問：你在處理大陸員工方面，有無涉及或遇到在地化的問題？

答：有，我從前年或去年開始，要增加當地的員工，這個計畫目前
仍持續下去。但是大陸的社會企業情況與我們過去30年的狀況
差不多，跳槽的情況很嚴重，因為他們很容易因為憑自己的感
覺就跳槽。現在而言，100個人可能只有一兩個人，可以做長期
的培訓，其他八成的人無法期待太高。所以，我們現在還是重
用自己通路培植的專業人才，當地的培訓雖然比例很低，還是
可以尋到。這再過十年就會好了，這需要時間。現在面臨培養
好的人才給別人用，也沒有辦法。

問：會不會是待遇不夠？

答：不是。他們的心態就是過水的心態。真的不夠好嗎？待遇已經
跟台灣差不多了。好不好？重點還是在當事人的感覺。自我感

覺良好能夠自己創業開公司，結果是不自量力，有這種心態的人是待不久的。人才在地化有困難，但困難雖然有，我們還是要渡過去。不是歧視他們，而是要對他們的工作領域規劃一下，要漸進式的，也不能一廂情願；而是要觀察他們，如果能夠安定下去，當地的總經理由當地出身的人當也是有可能的。但如果是心裡無法滿足，抱持「寧為雞首，不為牛後」的心態，這樣就很難安排合適職位了。

問：對這些幹部的信任如何呢？

答：在A咖的都市，薪資較高，但信任度稍差。到二、三線都市又不一樣，管理者對他們有關心，就容易留得住人才。像我知道有一家公司，就是找當地人培養，在當地落地生根了，這在二、三線都市是OK的。但像在上海、廣州，那些A咖的都市，這就不一樣了。每個地方的精華都在這裡，聰明的菁英都在這裡，如清華、北大畢業的，中國人是很聰明的。我們在30年前也是很多人想當老闆。

問：台灣的服務業在ECFA之後進軍大陸市場，可能遭遇的狀況有哪些？

答：如果現在才開始進去中國大陸，已經稍微嫌晚，只是有ECFA的踏板會更有機會。

問：ECFA後兩岸要雙向投資，你有何看法？

答：要有一個觀念，開放就是吸引他們的投資。例如開放他們來台

灣買不動產，那些房子仍然是中華民國的領土呀，而且你身在台灣，就要聽我的法令。所以大家心態應該要調整，不要設限太多。很多事情要稍微調整一下。所以我們需要他們資金，要透過哪些方法取得，而不是處處設限，只單方面希望共產黨開放給我們愈多愈好，而同時我們對他們卻只想到要提防。共產黨也是中華民族的呀。如果你設限這麼多，那他們可能會想，我們為何要過去？因此，相互投資重點在於，我們政府應該把腦筋放鬆一點，思考邏輯應該是怎麼樣迎接他們的資金。

政策開放思維與作法跟進，才能發揮作用

問：他們企業總部好像就要有面子，風風光光的。

答：所以我大膽建議，那些懷疑大陸的官員，不要成天只想這些問題。要能勇於任事，遵守政府法令辦事是對的，但是必須有擔當，你認為對的，就大步跑，不要扭扭捏捏。否則兩邊政府比較起來，如果台灣政府欠缺了魄力，我們就會失去競爭力。應該要多做一些，如遭遇阻力，也不要怕。台灣要拿什麼跟對岸談？現在的基礎，就是來自於以前那些中小企業到大陸投資，來支持其經濟開放，才有今天中國的面貌。

　　過去我們台灣早期的經驗，努力30年了，他利用10年就把技術、資金等引進起來。大陸那些加工出口區，還有稅制的問題，不也是學習台灣經驗的嗎？

　　最後，我想「事在人為」。第一點我覺得台灣政府官員應該修正自己的思維。然後台灣要培養自己企業的能力，要

有主導性，你有能力人家就會跟著你。而企業的聲譽跟培養人才、營業能力都有關係。

問：人才為本？

答：對！服務業就是以人為本，成功的關鍵就在公司的人才。

　　同時，在面對日商時，要多與他們接觸，互相瞭解，否則一定不懂。除了產官學交流之外，作為企業本身還需要實際與對方企業實體接觸。

　　企業之外，無論是交流的平台或是政府，應該要找出台灣的企業有何魅力吸引日本人，然後從中媒合，讓日本人可以借力使力。如果你沒有實力，日本人反而會看不起你。介紹台灣企業的something special給日本人知道，促成彼此交流。然而，現在我們缺乏這種單位。

　　像我們公司也有一個開發部門，將未來有希望的東西拿來做；我們同時也是在找尋日本中小企業比較新的東西。

問：你不是只專注Silicone，還有Silicone以外的，變成多角化經營？

答：我們做Silicone，自己認為已經很專業。但是希望對於我們的客戶，還可以做更多的服務，賣更多不同的產品！一籃子不要都是雞蛋，還有可能有鵝蛋等東西，這是我們現在努力的。

問：至少你現在有通路了？

答：對呀。有通路，然後我們有3、4000家客戶，我們客戶太廣泛。

營業員去拜訪一家客戶，除了賣Silicone，還可以賣周邊的。所以我們開發一個有意義的、有內容的商品的話，光紀念品或送禮用的，因為客戶有幾千家，這樣下去每日營業額就不得了。我認為要「用最小成本做最大投資，和拓展未來。」

問：就如同康師傅食品店中賣飲料的關係一樣。

答：對。量多，一商品賺一毛錢都要經營。「量大賺少」都沒關係，這就是我講的「少賺一塊錢」的理論。

　　我覺得研究可以針對早期大企業到大陸投資的模式。他們何德何能可以聚集這麼多的人才，獲得今天這般地位？第二是他們如何經營？例如：大潤發、全家等企業。

問：將來台灣的服務業進軍大陸，恐怕要借力使力？通路好的東西，藉助通路可以比較省力？

答：例如康師傅的牛肉麵如此普及，他首先要有這樣的規模，有中央廚房才能做。尤其是在中國，在「十二五規劃」內說要做基本努力，針對人們的基本消費。在精品方面，就如同蘋果所說，iPhone或iPad最大的市場是在大中華。

問：很多資深台商在大陸想要賺錢，卻對共產黨認識不夠。

答：我認為共產黨絕對有法治，也學民主。但人凡走過必留下痕跡，如果做的太過分，他找你去喝咖啡，給你看過往的記錄。這時就後悔莫及了，即使你有再好的關係也沒用。

附錄：信越化學和崇越電通的簡介

A.信越化學

公 司 名	信越化學工業株式會社（日本東證一部上市企業）
設　　立	1926年9月16日
住　　所	東京都千代田區大手町二丁目6番1號
資 本 金	日幣1194億元
營 業 額	日幣9168億元（2009年度）
員工人數	2647人（單獨）、16955（連結）
營業內容	PVC、化學品、silicone、半導體用silicon、電子、機能性材料、機能性化學品
法人代表	代表取締役社長 森俊三
網　　站	www.shinetsu.co.jp
海外據點	馬來西亞、韓國、中國（浙江、蘇州、上海、香港）、台灣、新加坡、印尼、菲律賓、泰國、澳洲、英國、荷蘭、德國、美國

B.崇越電通

公 司 名	崇越電通股份有限公司（台灣上櫃企業）
設　　立	1981年
住　　所	台北市市民大道四段102號14樓
資 本 金	台幣5.568億
營 業 額	台幣68.8億（2010年，合併報表，不含分割電子事業群）
員工人數	164人（含海外）
營業內容	日本信越化學silicone相關產品代理及銷售，silicone二次加工品開發及販賣
法人代表	翁俊明 董事長
網　　站	www.topcocorp.com
海外據點	中國（北京、蘇州、上海、香港、廣州、寧波）

世界潮流與日本企業之方向
——台日策略性國際分工

高寬

（前台灣三井物產董事長）

內文重點

|日本產業成長與發展瓶頸|

•

|日本企業構造之優勢及劣勢|

•

|中國市場引領全球大量市場|

•

|日本企業之優勢|

•

|台日戰略性合作與策略聯盟共同拓展成長市場|

•

|台日信賴創造機會與商機|

　　宏觀來看,自1990年至今20年的過程中,日本經濟幾乎沒有成長,將其稱為失落的20年,一點也不為過。日本的GDP沒有成長,日本的收入支出也沒有上升,個人薪資所得也沒有成長。但這裡有一個關鍵是:這20年過程中,能源與日圓持續升值。去年日本經產省在〈產業構造願景2010〉中,針對「日本產業所面臨到的現況與課題」進行分析及探討,以下內容值得關注。

　　第一點:日本過於依賴特定全球性製造業。GDP中,日本的出口仰賴度為17%,相較於其他國家如韓國55%、德國48%、歐盟40%而言,數據極低,顯現出仰賴內需之現況。由於內需低迷,日本國內各企業出現打消耗戰之傾向,造成企業變成低獲利體質(其獲利率為海外地區之一半),致使日本企業無法大膽迅速投資。換言之,由於日本內需市場要求達到高品質及高性能,日本企業不斷進行技術革新,技術出現進步,但是無法因應物美價廉的新興市場需求。

日本產業成長與發展瓶頸

●企業商業模式方面之課題(即使在技術方面獲勝,但在事業上卻是垂敗的)

　　誠如上文所述,日本企業進行新技術開發,以往日本產品擁有全球最大市場占有率,之後日本產品的市占率出現下降趨勢。例如:1995年之液晶面板方面全球市占率為100%,2005年僅存10%。DVD播放影機在1997年為95%,2006年跌落至20%。為創造產品之附加價值,雖然日本成功的策略為「垂直整合的自我

模式」，為因應全球市場，隨著國際化發展，應轉變為「模組分工模式（黑箱／策略性參與公開性國際標準）」；然而，日本企業卻無法由垂直分工轉換成國際分工，無法因應全球情勢而出現「即使在技術方面獲勝，但在事業上卻是垂敗。」

　　大家說日本經濟受到通貨緊縮造成20年來景氣低迷，但仔細分析一下可以發現全球化造成大規模的國際分工。該情況開始於冷戰結束，1990年之後發生巨大變化。冷戰時期資本主義國家與共產主義國家有非常大的差距，這條鴻溝的原因為COCOM國家安全，資本先進國家展開分工合作；但是跨越鴻溝極為困難，原因在於面臨國家安全的問題。然而冷戰結束後，這條鴻溝與障礙已被跨越，先進國家的資本、技術及人才進入到開發中國家，開發中國家便宜的勞動力和豐富的資本，推動及實現了全球化環境。歐盟幾乎已將家電組裝工廠轉移至有著廉價勞工的中東歐地區。到底亞洲發生了什麼樣的情況呢？當然，擁有全球最豐富廉價勞力的中國，已成為全球化之核心。目前電腦、行動電話的組裝，以及服飾縫製等勞動密集性產業之生產，幾乎都在中國。其結果造成大量資金湧入中國，形成通貨膨脹；但是日本等先進國家卻是通貨緊縮，這就是全球化帶來之必然結果。

日本企業構造之優勢及劣勢

　　如同前文所述，冷戰結束前（1990年以前），以大企業為核心之中小企業群為因應先進市場（高品質、多功能、高價）之需求，發展出垂直整合企業群，開發新產品成功進入先進市場

（主要指歐美市場）。這是日本獨特、十分擅長的生產模式。日本大企業只有0.8%，剩下的99.2%均為中小企業，呈現金字塔企業群狀態。由大企業所主導的垂直整合模式，優點在於企業群能進行技術開發及革新，技術得於企業群內部傳承，對技術發展有好處；不利之處在於：企業群呈現封閉，無國際水平分工，所以成本非常高。1990年以後，全球化演進，以新興國家為核心的重要市場快速成長，這類市場之需求與先進市場有所不同，需求單功能、高品質、廉價的產品，如果沒有國際分工，將無法因應成長擴大中的中國等市場。全球化帶來什麼樣的變化呢？以往的先進國家和發展中國家中所存在的障礙已被跨越，各地區形成經濟圈。地區經濟圈內，資金、人才、技術獲得整合，超越國家的整個經濟圈，運用各國特色，形成區域。例如：歐盟、NAFTA及檢討中的亞洲經濟圈，透過FTA進一步邁向全球化。這些地區內出現了分工。假設ASEAN plus 3（日本、中國、韓國）＋（台灣）已簽屬FTA／EPA，得以牽引全球供應及需要之大經濟圈更為Unit化，透過亞洲經濟圈之形成，讓運用各地優勢之國際分工體制更為明確。整體而言，目前的國際分工可大致分成三大區塊，即Group 1、2、3。

●Group 1，意謂R＆D開發的區域，比如說日本、歐盟。

●Group 2是技術程度非常高的地區，換言之就是具有Operation know-how強項的地區，例如台灣、韓國與日後的中國。

●Group 3則是指勞動密集型的生產地區，例如中國、東南亞、西南亞，呈現不同的產業發展性。

　　在2000年以前，市場都集中在先進市場，例如歐美乃至日本。國際分工部分，如上文所述之Group 1、2、3為成功模式。因為先進國家有非常大的市場，其產品具備高功能或多功能高價格，不管是汽車或電腦；但到了2000年以後，除了先進國家，出現了大量消費市場。大量消費市場追求單功能、高品質與廉價。目前規模超過1400萬台，屬全球最大的中國市場，主要需求的汽車為廉價的500cc，但TOYOTA無法生產這類廉價500cc的汽車。這也就是技術上有贏面，但生產卻無法跟上。

中國市場引領全球大量市場

　　所謂大量消費市場，就是1995年至2005年經由中國快速發展而形成。這10年中，中國增加了4.3億中產階級，印度和東南亞國協增加了一億左右的中產階級。亞洲地區共增加了6.3億中產階級（不是總數，是指十年間所增加的人數）。增加6.3億人的市場，意謂著出現了日本市場五倍大的市場；也意謂著出現了與歐盟或NAFTA規模一樣大的市場。透過這樣的比喻，可以理解大量消費市場真的極為巨大，已經凌駕於先進市場。中國已有1億2000萬富裕階級，其規模能夠匹敵日本的市場規模，如何掌握其下的中產階級，已成為事業成敗之關鍵。比如說以液晶電視為例，透過野村的分析，2008年2月約為34%，2009年降至23%左右。日本的產品能夠滿足先進市場，以及中國沿海大都市為主的高端市場，但很難進入快速成長的大量消費市場。透過我們的分析瞭解到，係因為無法透過先進市場的作法，且先進市場的作

法也不通用；必須便宜且機能要好。中國的大量消費人口約為7億人的市場。

　　按照野村總合研究所的分析，沿海大城市與地方（內陸）城市的商業模式完全不同。因此，必須採取不同面向的應對策略方能成功。首先在製品服務方面，沿海大城市應充分運用日本及全球經驗，強調「來自日本」、「與世界同步銷售」；內陸城市的商品企畫則須當地化，強調「來自當地」、「低價規格」。價格區域方面，沿海城市應以附加價值為主；內陸城市則須兼顧附加價值及大量。銷售管道方面，沿海應以直營店及量販店為主，由日本派駐人員進行管理；內陸則是透過直營店及當地代理店網絡銷售，由當地幹部管理。廣告宣傳方面，沿海應充分運用媒體，聚焦在全球性、「日本的」；而內陸應運用當地特定媒體，強調實質利益、「民族性」。組織架構上，沿海要中央集權，以發揮整合能力，主要由日本掌控；內陸則要地方分權，透過自立性地方銷售公司，形成地緣和人脈。人才管理方面，沿海應著重中堅專業人才、日語人才，可藉由OJT培育之；內陸則是建立人才培育、研修系統，由自己公司培育人才。最後是在研究開發方面，沿海城市可與全球R&D合作，投入最先進技術之研發；內陸城市則應與地方大學、地方創投公司合作，投入低成本零件之研發。

日本企業之優勢

　　那麼，日本企業具有競爭力嗎？景氣低迷的20年中，日幣

不斷升值，貿易收支持續順差。中國的貿易順差是世界第一位，但是以貿易結構來看，中國對台灣、韓國、東協等（前文所述Group 2各個國家）大幅赤字，對歐盟與美國有很大的盈餘。此種貿易結構意味著Group 3的中國從Group 2進口零件及機械，組裝之後賣到先進國家，即勞動密集貿易順差。日本的貿易結構來講，對中國約有8.1兆經由重要零件與精密機械出口之貿易順差，即Group 2各國對日本是貿易逆差，對中國大陸是貿易順差；中國對美國及歐盟為貿易順差，全球化所帶來之國際分工之特色，可以藉由各Group數字顯見。這意味著什麼？日本終端產品之市占率下降，而產品中的高品質零件方面，日本占有優勢。透過垂直整合之中小企業，其高超技術能力所生產的這些高品質重要零件，可以創造出好的產品。先進的技術係經過多次失敗及嘗試而成功研發，日本人尊敬擁有傳統技術的專業工匠，這或許可以追溯至長期的企業文化源頭。例如引擎是經由黏土模型，多次嘗試後開發而成，這就是透過傳統技術工匠的努力達成。在美國，這類藍領沒有被重視。

　　日本和德國極為重視中小企業及專業技術工人，這與日本和德國在汽車產業技術領域占有優勢有所關連。除此之外，日本企業還有其他優勢及強項。

台日戰略性合作與策略聯盟共同拓展成長市場

　　日本企業擁有技術領先之基礎，日本必須繼續保持技術上領先地位。透過技術領先，可以繼續於先進市場發展；遺憾的是，

日本的架構無法因應目前快速成長的大量消費市場。任何國家均有如此問題，一個國家無法同時進軍先進國家及大量消費市場。全球化的當下，必須要有經濟圈，企業間必須進行國際合作。Group 1的企業應繼續開發先進技術，Group 2的企業有必要考量如何將優質產品以低價提供市場。即Group 1企業鎖定先進市場，Group 2的企業鎖定大量消費市場，不同類型的企業有必要持續強化其優勢。凌駕這兩市場之上最具競爭力的企業群，為Group 1的日本企業與Group 2的台灣企業進行合作。不是只有合作的關係，必須共享長期經營策略，明確責任分工。為在大量消費市場具有優勢，台日可以成立合資公司，就先進市場與大量消費市場進行責任分工（日本企業進行技術革新，視需要提供合資公司技術；台灣企業提供高品質且低價的生產技術，開拓中國市場），這成為策略重點。台日相互取長補短，可以成為全球最強的企業。比如說品牌策略，銷售是把東西推銷出去，行銷是生產滿足市場的產品，擴大銷售之戰略。品牌行銷則是顧客持續購買商品。例如：女性買LV，她會持續購買相同品牌的東西，在產業上亦然。為建立品牌策略，除了行銷策略外，應增加更好的服務和新技術，於各市場建立價值鏈之台日策略性國際合作最具優勢。台灣政府推動的MMVV戰略也基於同樣思維。各市場的品牌策略為特定的行銷策略，可以提供價廉質優的商品，並擁有尖端技術。

　　最後進入結論。世界的結構，在冷戰以後，整個世界結構有很大改變，分成三個Group。同時大量消費市場變成很重要的市場，還有區域的國際分工持續地進行，在不同的Group，例如

Group 1是日本，Group 2是台灣，在亞洲必須要有長期的策略性合作關係，建立企業集合體。就台日策略性國際分工而言，台灣企業具備如下優勢：大部分屬同一民族（文化、習慣、語言），又具有地方政府關係（人脈和政府關係）；同時能因應政治／社會變化，且具有量產技術，加上目前已深入全中國。而日本企業則具有以下優勢：技術研究開發能力、品質管理能力、全球品牌能力；並具有全球高信賴度，同時擅長組織管理能力、工程管理能力、內部整合制度等。兩相合作下，我認為台灣企業與日本企業是開拓亞洲及中國市場的最佳夥伴。此外，台灣與中國的兩岸關係，屬於良好的國際關係，必須要利用這個機會，形成貿易立國。超越國家形成共同體，形成國際的分工體系，這是亞洲日後應該推行的方向。

台日信賴創造機會與商機

最後最重要的是，國家之間、企業之間、經營者之間、人際關係之間的信賴關係。根據日本和中國的問卷調查，兩國互相喜歡對方的人不多，但是認為台灣跟日本是相互信賴關係的國家的都超過50%。特別是這次的東北大地震，台灣捐贈最多善款，也捐贈最多物資，顯示兩國之間有彼此密切深厚的信賴關係。雖然日本目前較為辛苦，但可以上下一致團結一心，早日重建，透過加強台日合作關係，相信可以開創更大的合作機會。

台日策略聯盟的機遇、
挑戰與前瞻

金堅敏

（日本富士通總研經濟研究所主席研究員）

中國大陸的「改革開放」政策實施後，充分發揮了日本企業具有的全球型品牌及技術優勢，同台灣企業具有的本地市場優勢（在中國大陸的人脈、對當地商業習慣的理解、同當地政府的關係等），以及低成本生產優勢的台日企業策略聯盟，在中國大陸有很多成功的案例。對日本企業來說，在以下各方面有與台灣企業開展策略聯盟的動力。

日資企業善用台商生產與銷售網絡

●可以利用台灣企業在中國大陸的生產和銷售網絡

在生產領域運用台灣企業的生產基地，既可以降低或規避在中國大陸投資的風險，又可以活用台灣企業所具有的低成本生產之專有技術。早期日本的PC廠家及其他電器廠家，大量委託沒有資本關係的台灣EMS廠商產品生產，僅幾年又擴大到電鍋等白色家電及平板電視機等，產品領域不斷擴大。但是在銷售領域，活用台灣企業在中國大陸的銷售網絡的成功案例並不多，銷售領域的策略聯盟似乎難度較大。

●作為零部件供應商活用台灣企業的優勢

特別是在汽車、電子、電氣及食品飲料領域案例比較多。如台灣的汽車零部件企業「六和機械」從1992年開始到2005年期間，共有8家日本企業在中國大陸建立了12家合作公司，向日系汽車廠家提供零部件。另外，雖然沒有資本關係，與台灣企業建立起零部件採購關係的日本企業為數不少。

●可以利用台灣市場作為進軍中國大陸的測試，並和台灣企業進行
　合作

　　儘管由於政治因素，兩岸統一未能實現，但是台灣和中國大
陸有文化、語言、消費習慣等相同、相近的特點，所以透過與台
灣企業合作，把台灣作為進軍中國大陸的測試市場。這種合作方
式比較集中在零售和內需行業。如全家與「頂新集團」（在中國
大陸有非常多的經營資源）合作，首先在台灣開展台灣全家，然
後在「頂新集團」的合作下，又進軍大陸上海市場並取得很大成
功。最近也有如ABC市場（鞋類零售業）、富士軟件等企業，在
進軍中國大陸市場前先在台灣預習的案例。

台灣企業具有的傳統優勢面臨挑戰

　　但是對日本企業來說，近幾年與台灣企業組成策略聯盟的動
力正在減弱。從日本企業來看台灣企業的優勢，特別是在生產領
域的優勢正在下降。從前為進軍中國大陸市場而利用香港優勢的
歐美企業，亦有類似的現象發生。通過對日本企業的研究，可以
歸納出以下幾個理由。

●日本企業本身積累很多在中國大陸經驗

　　隨著在中國大陸事業的擴大和深化，日本企業本身也開始適
應當地的制度環境、文化環境、經營環境等，培養了一大批總公
司和當地的人才，積累了大量的經驗。另外，有不少日商在大陸
的企業，雇用台灣出身的管理和經營人才。因此，台灣企業所
具有的傳統優勢（語言、人脈、商業習慣等）開始降低。也就是

說，隨著日本企業在大陸商業活動的增加，作為合作方的台灣企業的作用，和從台灣企業得到的東西也在縮小。更有部分日本企業開始收購合作方——台灣企業的出資股份，而進行獨資經營或尋求新的合作夥伴。

●來自部分台灣強勢企業的競爭正在加劇

　　積累大量技術和產業經驗的部分台灣OEM／ODM企業或EMS企業，已在大陸市場從供應商成長為知名品牌企業。如世界PC市場處於前3位的「宏碁」、在中國大陸市場有著名品牌「康師傅」、「旺旺」的「頂新集團」、「旺旺集團」以及「統一集團」等，已成長為具有與日本品牌企業開展競爭的能力。這些強勢台灣企業也不會滿足於日本企業的一個外包的供應商或銷售公司，有的企業已解除與日本企業的策略聯盟關係，應用自身品牌的商業活動。

　　在這種競爭環境發生很大變化的背景下，部分日本企業也從積極推進與台灣企業的策略聯盟，調整為防止技術流向競爭對手，和防止被競爭對手收購。

●部分中國大陸等台灣企業以外的大中華區企業，已成長為強勢企業

　　部分大陸企業的技術水平和質量管理能力，已得到大幅度提高，其經營能力也達到了台灣企業的同一水平。把開拓中國大陸市場作為最優先經營目標的日本企業，選擇內地市場主角的大陸企業作為合作對象也就順理成章了。如大金空調選擇了「格力電器」、三井化學、三菱化學選擇了「中石化」（Sinopec）等案例正在不斷增加。

台日商策略聯盟具代表性

　　在日本有關台日企業策略聯盟的報導有所減少，而有關日本企業與大陸企業合作的報導不斷增加。因此，台日策略聯盟方式需要創新並注入新的活力。

　　日本企業在構建東亞生產網絡中採用了大量的策略聯盟。特別是日本企業與台灣企業的台日策略聯盟最有代表性，合作也很完美。台日策略聯盟形式的合作不僅停留在台灣地區，1990年代以後在中國大陸也大量展開，之後又擴大到越南、泰國等東南亞國家。但是，近年來日本企業的策略聯盟，不僅停留在生產領域。為開拓大陸市場，越來越多策略聯盟的活動是面向銷售和研究開發等領域。而且，策略聯盟的目的範圍不僅停留在海外事業本身，越來越多的與日本國內的事業重建，以及財務改革的面向結合來展開。

　　因此，日本企業推進的策略聯盟戰略已有很大變化。特別是中國大陸為中心的新興市場的快速發展，和大陸企業的快速成長，也帶動了日本企業策略聯盟戰略的轉變。以下，歸納出日本企業開展策略聯盟戰略的新特點，以供致力於台日策略聯盟的台灣產業界參考。

●策略聯盟戰略從生產領域向價值鏈整體發展

　　日本企業的最新策略聯盟戰略，已從過去的僅限於生產工序（OEM、合資生產、零部件採購）的供應鏈合作，擴大到研究開發等經營支撐體系和銷售、服務等需求方。另外，策略聯盟的合作內容也從單一的生產或採購工序，向包括開發、設計、採

購、生產、銷售、服務等價值鏈的整體合作。

日商策略聯盟採靈活策略與技術資源

●不拘泥於多數股權（控制經營權）及公司自有品牌，而採用更靈活的政策

　　以往日本企業（特別是大企業）除了零部件採購環節，在最終產品領域極力掌控經營主動權或嚴格管理技術流出，都拘泥於多數股權的策略聯盟。另外，為了本公司品牌的優先滲透，在策略聯盟中，大多拒絕採用對方品牌或新品牌。但是，隨著市場結構的變化及總公司財務狀況的惡化，開始重視投資成本和經營效率。也開始採用對方品牌或新品牌，同時也允許對方控股等，開始採取靈活的策略聯盟政策。

●通過策略聯盟戰略推廣技術經營（MOT）

　　以往日本企業都以防止技術流出為由，儘可能把生產技術及專有技術留在日本國內。但是，保守的技術政策或過度的技術保護政策，使日方在合作中難以發揮優勢，以致於合作夥伴對策略聯盟失去信心。另外，隨著競爭的加劇，為防止競爭對手超過自己，搶先在大陸等開展相同事業，所以需要調整技術保護政策。有多數案例說明，一些日本企業改變保守的技術政策，而是在利用策略聯盟提供技術，以推動技術經營策略。

●通過策略聯盟推動跨境市場融合，享受規模效益

　　從前策略聯盟的目的在很大程度上，是從供應鏈角度提升規模降低成本。新的策略聯盟的思維由供應鏈轉向目標市場，通過

目標市場的融合，共同享受規模效益。由於大陸市場的快速發展，日本市場和大陸市場的合計規模已到11萬億多美元。很多日本企業即希望通過策略聯盟，掌握兩大市場的主導權，以面對全球競爭。為實現次戰略構想，而推動與大陸本地強勢企業的合作。

●利用跨境策略聯盟推進總部事業重建

　　近年受世界金融危機及日元升值的影響，日本企業的經營業績非常困難。另外，從中長期來看，日本國內的老齡化和少子化的進展及全球競爭的加劇，日本企業必須進行有效的事業梳理和結構改革。過去日本企業一直採取的通過強化新產品開發的技術優勢也接近極限，有必要通過事業梳理向能發揮核心競爭力的事業集中的同時，對從前積累起來的技術及其他經營資源，也必須有效利用。

台日策略聯盟拓展大陸內需市場創造多贏格局

　　因此，部分日本企業已注意到策略聯盟，不僅有益於產品生產、技術開發，也是提高資本效益、現金流管理的有效手段。可以說跨境策略聯盟，已成為日本大型跨國公司不可缺少的經營手段。

　　從以上的分析歸納可以發現，策略聯盟作為日本企業全球經營戰略的手段更加明顯、也更為重要。台灣企業界可以結合日本企業策略聯盟思維的變化，轉變觀念，提出台日策略聯盟的新思維、新模式，以開拓大陸市場為平台，共同構築起多贏的平台，實現策略聯盟的目標。

台日企業併購與企業策略調整

朱炎
（日本拓殖大學政經學部教授）

內文重點

|台日商合作議題體現多元與變遷趨勢|

•

|台日企業較中日企業合作互動佳|

•

|併購日本企業利弊互見|

•

|台日合作提升競爭力與利益|

•

|日商企業外移與分散市場台商受惠|

　　我是在日本教書的大陸出身之教授，我研究台灣經濟約有15年了。為什麼台灣投資大陸能做得好，日本就做不好呢？台商是怎麼在大陸投資？日本如何結合台灣在大陸市場獲得更多的成功？在五年前，我覺得我畢業了，對於台日合作問題不用再研究了；但過去幾年，台日合作出現了許多新的變化，我又回來研究了。

台日商合作議題體現多元與變遷趨勢

　　近年來，兩岸與日本之間，企業的併購、出資較為頻繁。這種情況體現了企業調整經營戰略的動向，將對今後的東亞產業格局產生重大影響，也對台日商合作與策略聯盟，拓展大陸內需市場發生積極影響。在日本企業與台灣企業、中國企業之間的策略聯盟和併購活動中，近年來較為引人注目的是台灣企業和中國企業在日本的企業收購。這些現象不常見，但我想就這些情況向各位介紹。

　　日本從2006年開始推動稱之為「Invest Japan」的計劃，吸引外商對日投資。儘管日本政府也強調要吸引亞洲各國的投資，但日本吸引外資始終盯住歐美企業，實際上投資日本的也主要是歐美企業，來自亞洲的企業很少。其中，來自台灣企業和中國企業的投資則更少。台灣企業和中國企業的對日投資如此之少，為何在日本有很大的反響？原因在於主要是在製造業領域的企業併購，而且對日本製造業企業的構造調整，提高競爭力有很大的促進作用。例如：聯想和NEC，鴻海和日立的顯示器部門，友達光

電和日本太陽能電池，以及旺宏在日本收購發電廠的權利，我想從這些例子內，觀察他們究竟會怎麼做？而日本企業遭遇的環境變化，還有日本企業會為了適應新的變化採取何種轉變？這些併購案件都可反映日本企業的變化，畢竟日本經濟經過20年還是停滯不前。經濟沒有成長，促使其須積極地擴大海外市場。中國市場對日本是最重要的，這是其變化的一個背景；同時在中國市場方面，日本企業又始終是在高端市場或者終端市場。日本企業雖然擁有一定的程度和技能，卻缺乏市場也無法追上新的時局，故需要透過合作創造需求。在這種背景脈絡下，可以來觀察日本企業的戰略調整行為，考慮台灣企業、中國企業的應對之策。

　　台灣企業在日本收購活動的對象，多數是日本大企業在結構調整中放棄的工廠或子公司，而且大部份是應有多年交易的日本企業的要求而為。因為被放棄的工廠或子公司有台灣企業接手，日本企業得以集中經營資源，發展戰略性的核心事業。加之，前述的日本企業與台灣企業，在經營理念和經營方式上比較接近，日本企業可以放心地讓台灣企業收購，不用擔心員工被裁撤，技術會流失。所以日本比較歡迎台灣企業的投資和收購活動。

台日企業較中日企業合作互動佳

　　而中國企業的收購活動在日本是愛恨相交。中國企業在日本的收購主要以中小企業為對象。擁有技術、品牌，以及有銷售渠道的製造業中小企業，對中國企業來說很有吸引力。而且，收購已破產或正在走破產重建的法律程序的企業阻力較小，成本也相

對較低。實際上，近年來中國企業在日本併購或出資的，大部分是已經破產的企業，或者連年虧損扭虧無望的企業。而且這些企業早有投資基金介入，有的甚至在多家基金之間轉手幾次，實在回天無力，這才最後由中國企業從基金手中購得股份。

但是，中國企業在日本的企業併購，卻受到最多的批評甚至抵制。日本對於外來投資特別是外國企業收購日本企業，本來就有抵觸，而對中國企業就更加反感。反對中國企業的併購主要有以下的理由：(1)認為併購會造成技術流失，為日本企業培養競爭對手；(2)擔心中國企業收購後，會將生產線搬遷至中國國內，而將在日本的工廠關閉，遣散人員造成失業；(3)擔心中國企業入主日本企業後，會將中國企業的經營方式、中國人的價值觀和行為方式帶入日本社會造成混亂；(4)最根本的原因在於日本社會認為中國遠遠落後於日本，不能容忍中國企業支配日本企業，中國人管轄日本人。有的企業寧願破產清算，也不願被中國企業收購。也就是說，日本人普遍認為中國企業的收購，對日本來說是一種「威脅」。中國企業對日本企業的併購就是在這樣惡劣的環境中，頂著巨大的壓力而展開的。

可以說，中國企業併購日本企業實際上是困難重重，忍辱負重，艱難而行。不過，對中國企業而言，併購日本企業的好處是顯而易見的，具有吸引力。一是日本企業有很好的技術、專利、產品和品牌，收購就可收為己用。中國企業向日本企業購買技術一般不太容易，即使能買到技術，也得不到留在技術人員腦子裡、操作工人手上的技術和訣竅。只買技術，無法自主發展創新的話，過幾年還要再購買新的技術，永遠受制於人。二是日本企

業有很好的、成熟的商業模式，能提供良好的服務。收購就可加以掌握，並運用到國內的企業。三是中國企業感覺收購日本企業相對便宜，物超所值。相對於中國的股票價格、不動產價格及物價水平，日本企業的股票明顯低於企業的價值，不動產價格也不見得高於中國國內。

併購日本企業利弊互見

但是，併購日本企業的不利之處也很多。以下是主要的困難所在：

第一，日本企業的盈利能力低，收購日本企業後繼續在日本經營企業賺錢不易。日本企業的利潤率，無論是銷售利潤率還是資本利潤率都低於中國國內，也低於香港、台灣等亞洲各地和歐美各國。日本的不動產市場、股票市場也長期低迷，價格一直在低位徘徊。也就是說，將資金投在日本的機會成本相對較高。而且，中國企業在日本收購的日本企業，基本上都是破產企業、虧損企業，收購後要轉虧為盈，在利潤率回報率低的情況下委實不易。

第二，中國企業在日本的企業收購活動，並不是所有的方面都受到歡迎，受到各方面的注目，甚至是各種批評和戒備。因此，收購後的企業經營就要嚴格守法，要注意社會貢獻和社會責任。也就是說，在日本的企業經營要比中國國內更加嚴格，負擔更重。

第三，一般來說，對於收購來的企業，總要做一番大刀闊斧

的結構調整和改革，裁撤冗員，關閉甚至出售虧損和多餘的部門，才能扭虧為盈，使企業獲得新生。但是，中國企業在日本卻無法做到。因為，在日本的企業經營受到各方面的關注，所以收購後的企業必須繼續在日本經營，既不能裁人，也不能將工廠搬遷關閉，經營成本高昂。推行結構調整和經營改革，取得成效要花較長的時間。

　　儘管困難重重，失敗的事例很多，但成功的經驗同樣也很多，可以歸納如下。在選擇收購對象時，應選擇有關聯、有經驗、有前途的行業，不應便宜了就買。收購後首先注入資金維持正常的運轉，暫時任用原有的經營團隊，不裁撤人，特別是留用技術人員。將企業的既有產品拿到中國銷售，打開、並擴大市場，讓企業活過來。同時，開發新的產品，開始生產投放市場後，將原有的成熟的產品轉移到中國生產。這樣收購的日本企業就能步入經營發展的良性循環，也能實現技術、產品的升級換代。中國企業在日本併購的這些成功經驗，對於台灣企業與日本企業構築策略聯盟，應該也有參考意義。

　　日本企業經歷20年的不景氣，實力大損，在半導體和液晶面板等領域，無力持續在研發新一代技術、產品方面投入巨資，致使生產規模小，生產設備落後，技術出現斷代的情況。不僅被韓國企業超過，也落在了台灣企業的後面，被驅逐出主流產品的市場，只能生存在一些特殊領域或利基領域。要繼續生存，日本企業就要走策略聯盟和併購之路，或尋求外援。對與外國企業策略聯盟，日本企業的首選無疑是台灣企業。台灣企業與日本企業在經營理念、經營方式等方面比較接近，且獲取日本企業的技術大

多依循正當途徑。所以日本企業較能接受台灣企業，與之合作。其次的選擇是中國企業，畢竟中國企業有市場的優勢。至於韓國企業，日本企業將其看作競爭對手較多，很少看成是合作對象，擔心技術流失後遭反噬。日本企業與台灣企業構建策略聯盟的目的之一，就是為了與韓國企業競爭。

台日合作提升競爭力與利益

日本企業儘管在電子電機和機械領域有技術優勢，但在一些新的領域，比如太陽能和風力發電、電池等新能源領域，則明顯落後。為急起直追，與台灣企業合作也是一種選擇。如三菱重工與宇通光能的合作就是一例。同時，為了克服傳統業務的國內市場縮小的困境，一些企業進入一些新的領域，到世界市場去拼殺。如上述丸紅涉足發電售電領域成為獨立發電廠商，收購台灣的發電廠就是出於這樣的目的。

開拓中國的內需市場並擴大市場占有率，一直是日本企業的目標。當然，要開拓中國市場，日本企業必須加強與中國企業的合作，但台灣企業也有不可替代作用。前面已經提到過，台日企業之間在經營理念、經營方式等方面比較容易協調，而中日企業間的磨合比較困難。更重要的是，日本企業要在中國市場有所建樹，就必須攻下中間層這個大市場。日本企業的長處在於製造高品質、高性能的產品，但成本以及價格過高，因而市場狹小是其弱點。要滿足中間層消費者的需求，就必須生產銷售中級品質、中級性能且低價格的消費品，及供應企業的中間產品。而且，日

本企業對中國市場以及消費者需求的理解能力，在中國市場的營銷能力都不出色。借助台灣企業的力量，與台灣企業構建策略聯盟就是日本企業的自然選擇。台灣企業在中國的生產布局和產業集聚，研發能力和營銷能力都是日本企業所不具備的。

上述日本企業為適應經營環境的變化所做的經營戰略調整可歸納如下。面對國內市場萎縮，競爭激烈的局面，日本的大企業不得不積極推進「選擇與集中」，集中資源於發展有優勢產業；放棄一些非主流、虧損、看不到發展前景的業務，與其他企業的同類業務合併，或出售給國內外的同類企業。同時，開發一些新技術的領域，或與傳統業務不同的新領域。積極開拓中國的內需市場，特別是開拓中間層市場。

在貫徹實施這樣的經營策略的過程中，與台灣企業合作，甚至與中國企業合作就成為很自然的選擇。或者說與台灣企業的策略聯盟本身就是經營策略的一個重要的環節。而其目的之一就是要在競爭中，借助台灣企業的力量來與韓國企業抗衡。

日商企業外移與分散市場台商受惠

今年3月日本東北地區發生了歷史上最大規模的地震，也將對日本企業與台灣企業和中國企業的合作、策略聯盟產生很大的影響。

地震及由地震引起的海嘯、核洩漏和停電，以及持續不斷的餘震，給日本東北和關東地區的產業帶來巨大的打擊，破壞了產業供應鏈，無法正常地供應原材料和零部件，造成了日本全國各行業的停產減產，這將持續一段時間。日本企業正在積極地修復

工廠設備，尋找替代的原材料和零部件，爭取儘快地恢復生產。如不儘快恢復生產，日本企業提供的原材料、零部件和產品被替代並持續一段時間的話，日本企業將面臨在世界範圍內喪失市場的危險。

　　地震後，不少日本企業開始考慮調整國內外的生產布局。在日本國內，將生產基地從日本的東北、關東地區向中部、西部轉移；或擴大中部、西部工廠的生產規模，彌補受損的東北、關東地區生產能力。在海外，擴大海外工廠的生產規模，彌補日本國內的產能不足，並將一些生產線轉移到國外的工廠。將原本自己生產的部分產品，改為向國外企業訂貨，把訂單轉向國外。向海外轉移的生產能力和訂單，除一部分流向東南亞外，主要將流向台灣和中國大陸。

　　過去，日本為分散風險，防止生產基地過分集中於中國，提出過在中國之外的國家也要保留一個生產基地，稱之為「China + 1」戰略；而現在則要考慮「Japan + 1」了。在上述的日本企業尋找替代、增加向海外訂貨、向海外轉移的過程中，台灣企業和中國企業都可以爭取新的機會，爭取成為日本企業的替代供應商，承接訂單，擴大銷售，接受產業轉移，形成新的策略聯盟。

台日商策略聯盟成功案例：
Hello Kitty內衣

陳子昂

（資策會產業情報所主任）

黃郁棻

（銘傳大學傳播管理研究所）

內文重點

| 嘉馥與三麗鷗策略聯盟 |

•

| 行銷策略四P分析 |

•

| 品牌創新與認同 |

•

| 重視品牌化與附加價值提升 |

•

| 合作成功七大因素 |

　　嘉馥（上海）服裝有限公司是在中國大陸獨家代理「凱蒂貓」（Hello Kitty）的女性內衣品牌，Hello Kitty在全球多年的品牌建設，擁有極好的品牌知名度，是青少年系列時尚商品的代表，成功躍進大陸內衣成功品牌之列。由於大陸女性內衣市場競爭激烈，掌握行銷通路便能創造利潤，因而促使業者重視品牌形象與通路結構。

嘉馥與三麗鷗策略聯盟

　　嘉馥（上海）服裝有限公司於2005年7月在上海註冊成立。由於三麗鷗 （SANRIO）授權商品的範圍十分廣泛，涵蓋了很多領域。以類別劃分，授權商品包括食品、玩具、日用生活品、家居用品、化妝品、電子及家電產品、服飾、飾品及音像出版品等；而以消費年齡層劃分，授權商品則包括嬰幼兒及兒童、青少年與成年人產品等。三麗鷗授權商品不斷推陳出新，同時，其他授權業務如信用卡、化妝品專櫃、主題寫真館等也都蓬勃發展。因此，公司與日本三麗鷗有限公司在中國大陸的全資子公司三麗鷗（上海）國際貿易有限公司簽約，獲得凱蒂貓品牌內衣中國大陸地區的生產及銷售代理權，三麗鷗授權商品的範圍十分廣泛，涵蓋了很多領域、獨家代理「凱蒂貓」內衣品項在中國大陸的生產以及銷售權，產品以內衣、內褲、睡衣、家居服等為主，並搭配泳裝、保暖裝、韻律服與其它配件進行銷售。

　　三麗鷗公司成立於 1960年，是全球著名的造型人物品牌發行商。本著禮物傳遞真情的經營理念，三麗鷗致力於豐富人際交

流的事業。旗下所設計的造型人物，已經超越了單純的設計本身的價值，成為「傳達心意，培養友情」的使者，其中最具影響力的就是「凱蒂貓」。 凱蒂貓（Hello Kitty），是一隻全球著名的小貓，圓圓的臉蛋，左耳上扎著一隻蝴蝶結，還有一截小尾巴。這隻白色小貓出現在一系列深受時尚女孩們喜愛的商品上。深愛凱蒂貓的人都說凱蒂像個天使，幫助人們擺脫現實煩惱，去尋找單純的童年夢境。至今凱蒂貓已經風靡世界30多年，依然魅力不減，活躍在世界各地的大街小巷，成為女孩們最令人放心的夥伴和榜樣。當女孩長大成為母親後，依舊會和她的女兒一樣，喜歡凱蒂貓。

　　凱蒂貓內衣結合可愛形象，以「年輕、可愛、時尚、流行、活力」為主要設計方向。以內衣褲、睡衣為主，吊帶衫、泳裝、保暖裝與韻律服等為輔，設定 14～35歲的年輕女性為目標顧客群。整體色系以柔和、溫馨的色彩為主，現在以凱蒂貓這一品牌推出的產品越來越豐富，其中包括錢包、漫畫、書包、衣服、遊戲機、手機與MP3播放器等等。自2006年12月開始，凱蒂貓的內衣連鎖加盟開始開放，迅速得到了加盟者的響應，直接打入內衣市場上的空白區——即25歲以下的處於青春期的年輕族群。由於年輕人對凱蒂貓的高度品牌認同，該品牌所提倡的健康地穿衣理念，以及優質的產品質量，使得凱蒂貓在短短的半年多時間裡，就成功地開出了三十多家店。例如在杭州開出的第一家加盟店，位於銀泰百貨內，店面僅僅十七、八平方公尺，每月卻能有約二十萬元人民幣的營業額。

　　嘉馥公司經過5年來的不懈努力，公司的整體配套和軟性服

務支持都已相當完善且制度化，使得產品不但自主研發生產，並達產、供、銷一體化運作。目前公司已經在全國各大城市陸續開店，如上海、北京、廣州、湖南、烏魯木齊、蘇州等各大城市，都有了凱蒂貓的少女內衣的專櫃及專賣店。目前以銷售女性內衣產品為主，為積極開拓市場，公司分別推出一系列產品，範圍涵蓋女性內衣各個消費層。凱蒂貓內衣除了其特別為青春期少女量身訂做的成長系列產品外，還為亞洲女性打造屬於其特有的內衣版型，區別於其他品牌的常規，打破傳統，為大陸少女內衣市場帶來一息瑰麗的粉色新氣象。

行銷策略四P分析

透過行銷學的4P分析，將產品以Product（產品）、Price（價格）、Promotion （促銷）與Place（通路或營運點）的觀點，分析嘉馥公司內衣產品的行銷策略：

一、Product（產品）

內衣可說是女性的第二層肌膚，嘉馥服裝本著「機能加感性」的設計理念，滿足現代女性穿著的需要，從多元化到個性化實現所有女性曲線的夢想。嘉馥服裝公司以生產胸罩、女式睡衣、內褲、泳衣、家居服及其他女性內衣，其中以胸罩產品為最大宗，依照價位分別推出一系列Hello Kitty少女系列內衣。嘉馥服裝席捲了女性內衣各個消費層，並且積極開發周邊商品，包括浴衣、休閒服及有氧體操服等，未來也將積極擴展加盟市場。

二、Price（價格）

嘉馥公司在內衣的產品系列上，定位在18～35歲的時尚年輕女性。為了針對目標消費群而設計出Hello Kitty內衣產品，來涵蓋整個少淑女內衣市場，然而也從消費者的所得能力中，劃分17～18歲與20～35歲年齡層不同的差別定價。此即運用差別訂價之顧客基礎（不同顧客層），加上產品型式（不同型式的產品）設定產品的價格。

三、Place（通路或營運點）

在通路結構中，百貨公司專櫃是嘉馥服裝公司目前使用最多的終端銷售方式，在上海市外的傳統批發市場則是零售通路。嘉馥服裝公司於2006年在杭州銀泰百貨，開了首家少女內衣專賣的加盟店，短短7個月內加盟店已達30多家。可見大陸少女內衣市場呈快速成長趨勢，但並無幾家品牌著力專項經營少女內衣；因此年輕化產品市場潛力巨大。

嘉馥服裝為提高市場占有率，配合不同的顧客需求，開發不同的通路。目前除了在百貨公司與專門店設立通路外，另外還在量販店、加盟店與一般專櫃銷售內衣，亦有虛擬通路，目前主要銷售管道包括：

(一)百貨公司

百貨公司專櫃是最重要的通路管道之一，分成兩種營業型態，一種是廠商設櫃讓百貨公司抽成，另一種是百貨公司向廠商進貨買斷。

(二)女性內衣專門加盟店

女性內衣專門店是在百貨公司之外重要的通路策略，嘉馥服裝在2006年開始設立，杭州開出的第一家加盟店，位於銀泰百貨內，店面僅十七八平方米，每月可營利數十萬。目前已有30家加盟店。

(三)異業結盟

嘉馥與大陸招商銀行合作取得信用卡服務優惠，及消費者至凱蒂貓內衣專櫃消費可獲得精美小禮品，刷卡累積集點可兌換贈品，單筆消費滿一定金額，便可於刷卡時線上辦理分期遞延付款。

四、Promotion（促銷）

促銷方式的好壞，直接影響到該公司產品的銷售量。因為女性內衣的差異性不大，因此誰能搶得傳播媒體的先機，強力告知消費者，誰就能主導這市場之潮流趨勢。而嘉馥服裝現在的促銷方式有以下幾點：

(一)報章雜誌

運用中央電視台等電子媒體及新上海人等雜誌社的採訪，達到置入性行銷的目的；抑或不定期在報紙上刊登廣告。

(二)百貨公司特賣週年慶

如百貨公司舉行週年慶，所有公司產品在此段期間皆打九

折，或類似特賣期間打九五折，以及零碼尺寸的內衣以成本價來吸引顧客。

(三)贈送小飾品／配件活動

凡購買套裝產品或消費超過一定金額，即附送小禮品，如Kitty玩偶、擺件、飾品等活動。

(四)網路

嘉馥與鎂塔數碼網路公司洽商設計網站、媒體發布、網站行銷企劃，以期利用網路平台為嘉馥內衣產品深化品牌形象。

品牌創新與認同

嘉馥服裝有一個全球知名的品牌──Hello Kitty。正如同外界所知，Hello Kitty這個品牌屬於日本三麗鷗株式會社。2006年，上海嘉馥從三麗鷗取得了Hello Kitty的使用授權，使得這個品牌在少女內衣行業也有了屬於自己的產品。上海嘉馥服裝有限公司總經理陳子貴曾說：「自創品牌是一種完全可以想到的思路，但是在目前少女內衣這個市場內，消費者還沒有樹立起一個真正的品牌觀念，和正確的內衣穿著知識」。陳子貴認為，在這種情形之下，以嘉馥服裝當前的實力，還無法迅速創造出一個人所共知的品牌。因為，在產品銷售中，最大的成本是教育消費者，讓消費者接受這個品牌。

第一次創業的陳子貴選擇了品牌戰略中的第三條路：使用既

已成名的品牌，打造自己的產品。而嘉馥服裝上海地區總代理鄧學聖接受《上海僑報》採訪時也坦言：「當初嘉馥服裝能夠吸引他成為上海地區代理商的就是品牌與市場，在中國不管是哪一行，只要跟成長過程相關聯，都會有巨大的市場。尤其在一胎化後，80後出生的孩子都是家裡的寶貝，無論是投資教育，還是衣食住行，都會有很大的市場。」嘉馥公司當初對於這個市場充滿信心。他們認為，女孩子的第一套內衣，大部分都是由媽媽購買的，她們不可能去買成熟品牌的黛安芬、歐迪芬、華歌爾。相對14～35歲年齡層的少女內衣來說，這塊市場是一塊空白。而凱蒂貓這個品牌在世界上已經存在了近30年。它的愛好者遍布各個年齡層，從 5歲到50歲。所以無論對現在已經成熟的女性，還是處於發育成長階段的女孩，Hello Kitty都有一種相當的魔力和號召力。

重視品牌化與附加價值提升

　　凱蒂貓雖然非常有名，但嘉馥服裝更為看中的似乎是它的品牌內涵。陳子貴在內衣行業做了十多年的專業經理人，早年是歐迪芬女性內衣的副總經理，之後又領導團隊打造了第一件迪士尼內衣。在他看來，凱蒂貓與其他卡通品牌有著不同的品牌文化。凱蒂貓這個品牌對於小女孩的定位相當明確，而不像別的卡通品牌。別的卡通品牌定位比較模糊，中性色彩更濃厚，可能既適應小男孩又適應小女孩，對年齡層的分割也不明顯。但是從凱蒂貓的顏色和形象來看，它的定位就是小女孩。陳子貴希望把本身的

文化定位，和凱蒂貓自身的故事性與他的產品緊密結合，來敲開青春少女的心扉。做有故事的內衣於服裝行業，陳子貴認為，增加產品的附加價值，在產品中加入設計、功能、文化、故事，才是紡織行業的出路。相信每一件產品都應有它的故事性。

　　立足群雄紛爭的少女內衣市場，只是嘉馥服裝培養企業品牌影響力的第一條陣線。陳子貴總經理說：「如果我們在女性14歲開始，就在她的心中塑造了我們品牌的影響力，那麼從 25歲一直到75歲，這後面的市場將是非常可觀的。這意味著，凱蒂貓作為嘉馥服裝的頭號品牌，目標是將少女消費者培養成自己的忠實用戶，而後在漫長的人生路上，凱蒂貓會來陪伴用戶從一個小女孩變成一個大姑娘，甚至以後變為一個女人。」同時，為了彌補凱蒂貓品牌文化所不能涵蓋的部分，嘉馥服裝又研發了凱蒂貓可愛的延伸品牌，定位在「成熟、嫵媚」，即「流行性會更強烈一點，也會更為個性化。整個品牌已經進入設計、打樣階段」。嘉馥服裝對於大陸少女內衣市場的想法不言而喻，他相信，像這樣的一個品牌是很難被取代的。

合作成功七大因素

　　嘉馥服裝公司經營成功因素歸納為下述幾點：

●獨具品牌的創見

　　嘉馥服裝公司自2006年創業，公司看中「凱蒂貓」產品的影響力，便選擇與日本SANRIO公司簽下國際著名卡通品牌Hello

Kitty，合作製作內衣產品，在中國大陸地區銷售以及生產代理權，獨家代理Hello Kitty內衣品項，成功地在大陸內衣業產業占有一席之地。

●企業形象佳，尊重肖像權

嘉馥服裝的銷售人員以親切為首要態度，讓到店面選購內衣的消費者能夠透過專業人員的解說，得到更多的內衣知識，同時也購買到合適自己身材的內衣。再者，嘉馥服裝較尊重肖像權及智慧財產權，對大陸內銷在歷經一番技術轉移及管理制度的建立後，徹底在地化，晉用當地人才為經理人，因為當地人還是最瞭解當地市場，再將人才的培育在地化發展。

●完善的人才管理制度

公司擁有完善的福利制度、舒適的工作環境。人才管理強調績效考核，關注於吸引、聘用、安置、發展和保留人才，且重視教育訓練課程，為員工開創新的知識領域與學習空間，以及開創前瞻性的生涯規劃與計劃性的在職訓練。

●積極投入研發工作

嘉馥服裝公司研發部培養專精的設計人才，並隨時注意世界流行趨勢與消費習慣的改變，再配合嚴格的品管以及精巧的縫紉技術，為消費者量身訂做，塑造各類產品，造就溫馨、舒適、完美的內衣產品。

●適當行銷通路的選擇

嘉馥服裝的通路選擇廣泛，從百貨公司專櫃、一般專櫃、加盟型式的專櫃遍布大陸各地，選擇適合的產品銷售管道，將各種銷售通路打開，成功的掌握目標客戶。

●掌握市場趨勢，選擇區隔市場經營

嘉馥服裝對內衣產品逐一的分析優劣勢，站在消費者的心態，考量其地理環境、消費者所得，以及分析統計消費者心理來區隔市場，選擇對公司最有利的區塊，作為主要的銷售目標。

●與日商不斷溝通，培養「信賴與尊敬」

「SANRIO」品牌理念的發想是，人類文明都是從河流開始發源，而人類需要互相扶持與幫助才能生存。從身邊的親朋好友開始，擴展到世界上的其他人們，經由信賴、尊敬與愛，讓人類緊密地結合在一起。因此，嘉馥的每位員工都負有「傳達心意，培養友情」的重要任務，將設計重點以暖色調系列呈現，讓消費者感到溫暖，並且重視與顧客雙向溝通和交流，了解顧客內心的真實感受，因而在大陸受到廣大少女的喜愛。再者，嘉馥與日本三麗鷗授權公司的合作，經由不斷的溝通協調、嚴格品質的要求、產品設計的創新、精準市場的定位、銷售服務的專業，讓嘉馥的少女內衣產品系列，迅速搶佔市場，創造台日策略結盟之雙贏。

台日商合作新成功模式
——勝博殿個案為例[*]

蔡錫勳

（淡江大學亞洲所日本組副教授）

施瀚雅

（淡江大學亞洲所日本組碩士班）

[*] 本文之個案研究是基於與邱瑞芬小姐（勝成餐飲股份有限公司營運協理）的訪談，以及近藤健先生（日本勝博殿副總經理）所提供之書面資料撰寫而成。筆者在此由衷感謝勝博殿的熱心協助。

——————內文重點——————

｜日本食品及餐飲進入中國市場之優勢｜

•

｜日商勝博殿與大成集團的合作關係｜

•

｜台日合作背景與優勢互補｜

•

｜落實在地化理念｜

•

｜台日合作進軍大陸服務業市場｜

日本食品及餐飲進入中國市場之優勢

　　中國生產的黑心商品、食品時有耳聞，但隨著中國經濟高度成長、國民所得提高，中國人民對於食品安全及食品衛生的意識也水漲船高。金堅敏在〈日商開拓中國大陸中端市場模式：兼論對台日商策略聯盟的啟示〉中明確地提到，在中國消費者心中「日本製＝高品質」；此中國消費者對於日本工業製品的認知，可平行轉移至日本產食品，或是按照日本作業流程所製出的餐飲上。如同前述，在中國日本食品普遍有著「雖然價位高，但比較健康、衛生」的形象，因此近年來以中高收入層為目標客群的日本食品，在中國相當受到歡迎。另外，雖然是中國本土製造，但卻利用外包裝等偽裝成日本食品的案例，更是不勝枚舉，由此便可看出「日本食品＝健康、衛生」的印象深植民心。

　　同樣的論點也可以在藻谷浩介的著作中發現，「韓國、台灣不只向日本購買製物所需的高科技零件或機械，生活逐漸邁向富裕的韓國、台灣國民，也開始購買品牌價值較高的其他日本製品。不只汽車、電器製品，以安心安全為賣點的食材、日式點心也相當受到歡迎」。

　　根據日本農林水產省的報告書，近幾年無論是農林水產，抑或是加工食品，出口至中國的數量都逐漸在增加。除此之外，「雖然由於2007年『毒餃子事件』的影響，2008年上半年日本對大陸進口的食品大幅減少，但是由於日本經濟不景氣，日本民眾不得不去購買物美價廉的中國食品，所以2008年和2009年『食品業』對大陸投資分別增加了91.8%（397億日圓）和108%

（827億日圓）。『食品業』是製造業中投資增長速度最快的行業」。但關於農林水產的出口，日本普遍採取當季產量過剩時才出口的策略，因此如何維持一定交易量便成為今後的課題之一。此外，如何在交易過程中建立彼此的信賴關係，以及強化品牌知名度，也都是提升中國對日本食品需求度的關鍵。

日商勝博殿與大成集團的合作關係

勝博殿1966年始創於東京西新宿，為日本最大規模的日式豬排連鎖店，擁有近500家的規模，勝博殿在日本以服務、嚴選的素材和熟練的技術聞名。而現今在餐飲服務業頗具盛名的大成集團，其實是由飼料業起家，從下表可得知，目前大成集團的事業版圖已由基本農畜拓展到麵粉、食品生產加工、生物科技及餐飲服務等領域。仔細觀察大成集團的事業群後便可發現，大成生產並從事食物鏈架構下的各個環節。首先大成集團將植物性蛋白（黃豆、玉米）經過專業營養配方後生產成為飼料，然後將其提供給客戶成為動物飼料，轉化為動物蛋白（各種肉品），接下來再經由大成電宰、加工熟食處理，最後利用物流配送至消費者手中。

大成長城集團與Green House Foods之比較

	大成長城集團	Green House Foods
企業理念	誠信・謙和・前瞻	唯有讓人們感到喜悅才能促使公司發展（人に喜ばれてこそ会社は發展する）
創業年份	1957年	1947年
事業內容	食品、農畜、生技、麵粉、烘培、餐飲服務、水產等	餐飲服務（一般餐廳、休閒式餐館）、熟食外帶
「勝博殿」網路會員制度	有	無（為提高回客率，日本勝博殿採取的是集點卡活動）

　　大成集團在垂直整合產品上所做的努力不僅上述如此，其更於1989年將觸角延伸至餐飲服務領域。1989年大成集團取得「Burger King 漢堡王」台灣區的經營代理權，並於1990年在台北開設第一家漢堡王門市，與漢堡王的合作使得大成集團獲得餐飲服務領域的管理經驗，更成功地奠定其爾後在餐飲服務領域的根基。大成集團藉由此垂直整合一條龍的產業布局，累積餐飲通路與品牌行銷的經驗與訣竅，從通路端所培養對餐飲市場消費趨勢的敏銳度與觀察力，便更能提升對產品的研發能力，及調整雞肉加工業務的經營方向。

　　在餐飲服務此領域當中，大成集團先藉由與國際知名餐飲品牌的合作來換取相關經驗，累積起一定的經驗後大成集團便開始建構自有品牌，並運用品牌槓桿效果，成功地讓共同合資、代理，或是自有的品牌獲得消費者認同。進一步加以論述的話，近

年來，消費者普遍有從產品導向轉為經驗導向的趨勢，所以於大成集團下某一間餐飲店的成功消費經驗，便更容易促使消費者，使其前往同樣是所屬於大成集團下的另一間餐飲店，不斷累積成功消費經驗的消費者，對大成集團的忠誠度自然而然就會提升。就一般的行銷經驗而言，吸引一位新客人的行銷成本，是留住一位老客人成本的五至八倍，所以我們可以說消費者的忠誠度和企業利潤是直接相關的，換句話說，提升消費者忠誠度，便是提升企業利潤來源並降低風險。

　　與國內外各企業合資拓展連鎖餐飲通路的例子，除了上述的漢堡王之外，還有日商勝博殿。2001年以韓國為首站，勝博殿正式進軍海外市場，2004年勝博殿在台北天母開設第一家直營店，2005年大成集團與勝博殿母公司日本Green House Foods公司合資成立勝成餐飲公司，正式進軍台灣餐飲界。2009年雖遭遇金融風暴但仍持續展店3家，結果營收較前一年成長4成，目前全台共有13間勝博殿豬排專賣連鎖店，並計畫在2011年將連鎖店增加至18間，新北市、台南皆列入考慮的展店地點。

　　勝博殿會在台灣天母展店是由於日系百貨——新光三越的因素。換言之，在台日商的網絡關係是促成勝博殿來台展店的最大原因。再加上日本的內需市場趨於飽和，所以當時勝博殿在日本的營運狀況較無起色，因此日本母公司就想趁著此機會往海外發展。第一間直營店地點之所以選在天母，除了上述與新光三越的關係外，是因為天母特殊的居住人口結構。因為台北美國學校及台北日僑學校皆位於天母的關係，天母此地有相當多的外國人士進駐。為迎合當地居住人口，天母的各式商店皆走高級精緻

化路線，其貨品也大多都是進口貨，因此天母居民的生活素質，以及對異國產品的接受度也相對地高。同樣來自日本的「Mister Donut」也將其第一間店鋪開在天母，由此可見，天母此地是日本餐飲業進軍台灣的橋頭堡。再者，同樣販賣日式豬排的「知多家」已於此地開店許久，所以天母對日式豬排的接受度又更較其他地區的民眾高。但相較於知多家，勝博殿創造了高麗菜絲共食、芝麻研磨、白飯及味增湯無限量供應，以及採用日本製器皿盛裝等新顧客價值。另外在主打為日式炸豬排專賣店，忠實呈現日本勝博殿的「味道、服務、氣氛」營造下；果不其然，勝博殿在台第一間直營店，一開店就造成龐大的排隊人潮。

台日合作背景與優勢互補

　　瞭解勝博殿來台展店的前因後果後，相信許多人都會有「為何勝博殿要在2005年由日本母公司直營的經營型態，轉為與台灣企業合資開店呢？」的疑問，其主要原因有下列兩點。

●人員的管理，台灣和日本畢竟還是有語言、文化及習慣上的差異，特別是語言的隔閡。當時日方管理階層即便透過翻譯，也無法充分地與台灣員工溝通，餐飲服務領域比大眾普遍認知的更需體力與耐力，加上勝博殿對於服務人員與產品的高度要求。因此直營店的初期離職率偏高，及至維持人員穩定時，已耗費了相當大心力。

●考量到最基本的成本支出方面，當勝博殿還是直營時，日本派駐相當多的日本人至台灣，所以在人事成本上便有較多的支出。

　　基於上述兩點，Green House Foods興起了欲與台灣企業合資開店的念頭，大成集團擁有豐富的資源及餐飲經營經驗；再加上雙方的企業理念、宗旨相仿，因而雀屏中選。於是Green House Foods便在2005年與大成集團各出資50%，設立勝成餐飲公司，並開始一連串的展店計畫。另外，基於員工職業生涯的考量，原本隸屬於日本母公司的天母直營店，也於2007年轉賣給勝成餐飲公司。

　　在以往的合資案例中，採各50%出資的案例相當少見，於此實例中，大成集團有感於與美國漢堡王、日本敷島麵包的合作經驗，因此向Green House Foods提出50%、50%的出資比例。在雙方立場平等的狀態下，為使利潤最大化，合資企業彼此較容易達成共識，不但不容易發生「偷留一手」的情況，於合資公司的決策參與度也會提升；但正因為合資雙方皆是企業的主導者，因此決策時沒有任何一方占絕對優勢。換句話說，以50%、50%出資比例為前提的合資計畫，出資雙方皆必須非常信賴對方的專業才行，舉大成集團和Green House Foods合資之勝成餐飲公司的實例來說，台日兩方面在合資公司中皆有其重要之處。台灣主要是在營運管理、當地資源運用、店鋪開發等層面上扮演重要的角色，而日本是在提供商品技術、原料及人員訓練上提供莫大的幫助，雙方信賴彼此的專業並適時進行溝通，於是才造就今天勝博殿在台灣的好口碑。

　　台日雙方因在台灣合作地相當愉快，且合資公司的營收持續成長，所以決定複製此合作模式，共同攜手前進中國；同樣採取台灣50%、日本50%的合資比例在香港註冊「勝博殿中國股份有

限公司」，並預計於2011年9月在北京開設中國的第一間勝博殿分店。分店預計開設在北京高檔商城──芳草地，在北京展店計畫中，芳草地的角色類似於台灣新光三越，於高級商城展店不但可以確保一定客源，還能藉著品牌槓桿效果，提升勝博殿在中國的形象。關於人資分配方面，管理職目前先以台灣外派至中國的人員為主，然後再慢慢啟用中國當地人員，最終期望可做到台灣20%、中國80%的管理人員構成比例；為力求當地化，其他正職及兼職人員則以中國當地人為主，但所有從業人員皆會在台灣接受訓練。上述人資調配的方式其實近似於勝博殿在台灣發展的狀況，最初勝博殿在台展店時管理職也是全由日本外派，直到台灣市場穩定、人員成熟後外派人員才回歸日本；而目前台日雙方合資的勝成餐飲公司中，管理職只剩下近藤副總一位，真可謂是百分之百落實當地化的理念。

落實在地化理念

在產品部分，當初天母直營店是採日本原汁原味的料理、調味方式，然後再藉著顧客的反應慢慢做調整，直到完全符合當地人的胃口。目前台灣勝博殿所使用的醬汁，如豬排醬、芝麻醬、和風沙拉醬皆百分之百由日本進口，因此調味料是與日本勝博殿完全相同。食材則使用台灣當地的新鮮食材，但在烹飪過程中唯一稍做鹹度改變的為味噌湯，因日式味噌湯對於台灣人來說太鹹，因此將味噌湯的鹹度調較日本淡一點，但味噌仍同樣使用來自日本的味噌，醬菜的選擇上則改變為台灣人比較可接受的醬菜

為主。同樣的，中國的勝博殿也會先以日本的料理、調味方式為主，並適時加入台灣經驗輔助，等到真正進入後會再依中國顧客反應，調整料理方式及鹹度。

　　豬肉是台灣、中國等中華圈的主食之一，但日式炸豬排卻能在此博得廣大歡迎，其主要原因應在於上述兩者對於豬排、豬肉調理方法的不同。舉例來說，日本的炸豬排是使用厚切的里脊或腰內肉，並裹上麵包粉後去油炸，可算是相當具代表性的「日本食」之一；相較於台灣的炸排骨等炸豬肉料理可謂是大相逕庭，正是基於此點，才讓不少人對於源自日本正統炸豬排的勝博殿有高度的認同感。另外一個造成廣大歡迎的原因則是台灣人在歷史、地域上皆與日本相近，所以對於日本食物的接受度便高。以目前日本料理於中國的高接受度，以及中國人逐漸開始嘗鮮的姿態來看，勝博殿進入中國一級城市開分店，也相當具有贏面。

　　最後，如同台灣廣大的哈日族所示，「日式飲食文化」是勝博殿前進中華圈的最大優勢。除了安心安全且美味的食用經驗外，勝博殿更著力在日式文化資本。在過去，飲食店之於大眾的意義只不過是個能填飽肚子的地方，但隨著時代的進步，餐飲業被重新定義。三商和民董事長鱷部慎二主張餐廳是「空間提供業」，而堪稱是日本餐飲業顧問教父的宇井義行則認為，在現代餐飲業應該是「休閒服務業」才對。除了提供美味的食物外，更要能去創造顧客的喜悅，好吃的餐點加乘了氣氛、服務後，所帶給顧客的滿足感絕對是另一種層次的；所以不論是食物、服務、氣氛等，都是餐飲業需要努力的範疇。勝博殿除了應提供使用嚴選的素材所製作的食物外，更加思考如何透過內裝、服務等附加

價值，加深消費者心中「日本＝高品質」的品牌印象。

台日合作進軍大陸服務業市場

　　近幾年來，隨著日本國內市場的縮小，以及中國大陸人均GDP、消費能力的提升，日本企業進入中國的腳步也逐漸加快。伴隨著時代的改變與科技快速進步，日本企業涉略的產業也由早期的製造業，轉到後來的餐飲食品業、流通業，以及最新的內容產業。勝博殿可謂是餐飲食品業中，台日企業合作的代表之一。如同其他已發展國家一般，當國家經濟成長、國民所得大幅提升時，人民對於食衣住行等物質層面的要求也會提高。當物質層面到達一定的水準後，對於育樂方面的需求就會增加；而自身的需求被滿足後，最終關心的層次將會提升至社會福祉、公平正義方面。因此勝博殿進軍中國的最大意義，不單在於帶給中國人民安全、安心的食生活，其更志在於提供令人感到高級、愉快的「日式飲食文化」消費經驗。

　　綜合前述台日企業合作優勢論點，與訪談中瞭解到的勝博殿實際合作經驗，可歸結出下列三點結論。

● Green House Foods在尋求能夠一同進軍中國的合資企業時，首先考慮到的是其在台技術供應對象，及台灣合作公司夥伴。正因為有以往的合資經驗，所以彼此信賴與承諾程度高，在進行新事業的發展時自然就較順利。

● 台日各出資50%的股權結構，在勝博殿此案例中發揮了正向效果，其促進台日雙方的決策參與度，與對合資事業管理的溝通程

度。

●在資源貢獻互補程度上，勝博殿配合地相當完美。台灣大成集團
　憑藉著其於中國發展20多年的豐富經驗，在營運管理、當地資源
　運用、店鋪開發上提供莫大幫助；而日本Green House Foods則在
　提供商品技術、人員訓練方面上扮演著重要的角色。這樣的資源
　貢獻互補不但能大幅提升勝博殿的績效，台日企業更能藉著互相
　學習、共創新知，進而達到「共進化」之另一目的。

台日商合作成功因素與大陸市場挑戰

鄭惠鈺
（日本醫療法人珠光會理事
暨台灣珠光會生技股份有限公司董事長）

內文重點

| 大陸經商風險管理列重點 |

·

| 台商成為信任夥伴，有助雙方互動 |

·

| 信任平台建立關鍵在「人」 |

·

| 台日商夥伴關係具文化與情感連結 |

·

| ECFA有利產業發展與獲利 |

問：日本醫療法人珠光會主要從事的業務是醫療和保健及生技產業這一方面吧？

答：我們主要是癌症免疫治療和老人保健醫院這兩部分，以因應日本這個高齡化社會的需求。另外，現在罹患癌症的人太多，要持續不斷地研究與臨床應用，期許給人們有不放棄、重生的希望。而我主要的工作就是引進新的醫療技術，從事國際合作與交流。

問：以台日商策略聯盟來說，你們公司也是代表性案例？

答：以生技產業的發展角色而言，雙方互相合作與策略聯盟，亦是可行之道。日本人與外界合作的原則，一向是觀察期長；但當他們一旦相信你，就是相信你到底。我的角色就是將這技術在台灣和大陸尋找合作。甚至我前一陣子去印尼、馬來西亞，他們有上市公司已對我們的技術很感興趣。且我們也已積極地在新加坡成立一個分公司服務東南亞，而我自己的角色除了協助東南亞外，最主要的市場是在台灣與大陸。

大陸經商風險管理列重點

我二十年前去中國，早期在上海，飛機上只有我一個台商，其他都在東莞、深圳。那裡機會是很多，可是我個人面臨的迷思是，因為我們雖然跟大陸人語言、外貌一樣，但是那個mind跟信任度，完全是比外國人還外國人，二十年前實在是溝通語言差太多了。你說為什麼台灣人去大陸，有的會鎩羽而歸，就是被語

言跟外貌所惑。每次我遇到台商要去，都會提醒他們不要被這種
迷思所惑。中國這種思考邏輯跟歐美是完全不一樣。你跟外國人
做生意你會放心，在國際上信用credit的觀念是有的；但是到大
陸不能用這個觀念。我曾經二十年前到一個廠商請他生產東西，
我跟他談得很好，又簽約、又蓋章、握手的……很高興。等我回
台灣，他打電話來說，對不起！他們不能出貨喔，因為材料不夠
什麼什麼的。從此我知道他們講的話跟做的事，有時無法一致，
你不能不小心；而是需要溝通再溝通，確認再確認。二十年後外
商也越來越多了，他們（大陸）也才會慢慢有觀念說，不能這樣
做（違約）。這樣是有進步，但還是得小心。我的經驗是：在中
國你要碰到對的人，事情就好辦。我在日本與中國所促成的協作
醫院，就是碰到在中國水平夠、有國際觀的院長，講話算話，才
能促成雙方合作。

問：這樣看起來您在大陸負面的經驗比較多。

答： 大致上是，所以我一直很小心，二十年來都這樣。但如果碰到
　　對的人，我也很樂於付出，原則就是對等。但是有時候擔心的
　　是，你花很多心力在某些人、事上，兩三年後人換了，卻又不
　　算數了，最怕就是這樣子。

問：但說起來大陸還是全世界機會最多的地方。

答： 所以為了希望讓台灣的年輕人更有機會，我也從沒放棄，最近
　　也是常跑大陸，畢竟市場在那裡。順便一提，上次去北京參訪
　　一家上市公司，他們在找日本的保健食品，但是打不進日本人

的關係，日本人不願意放。他問我為什麼日本人不願意放，大陸市場這麼大。我說日本人都是老企業、大企業五十年、六十年、一百年的都有，他們考慮的是若隨便給產品，萬一在中國被某一家公司弄砸了。日本人最重視品牌，所以日本人不會輕易給。他們問我怎麼辦，我說透過台灣，只有台灣人最瞭解日本人。日本人最喜歡看報告，一個產品給一份報告，讓他們放心，這是日本人的business style。瞭解這樣的方式，就很容易跟他們溝通，他們知道你懂他們，就會把機會給你；遇到困難他也會協助你，甚至價格上的困難也會。美國就不一樣，哪裡便宜往哪裡跑，日本的特質跟美國不一樣。

台商成為信任夥伴，有助雙方互動

問：就是說日商跟大陸有隔閡，跟台商合作才能進去大陸，但同樣陸商打不進日本的關係鏈，也得透過台商。

答：我現在的工作就是這樣。這幾次跑北京、上海、大連，他們特別是：「不喜歡日本人，但是信任日本的產品。」我聽過最離譜的是台商到上海，要大陸員工幫忙買機票，員工捧著大筆現金，從此就不見了。這在台灣是不可能的事，大陸人的行為很多是我們認為不可能發生的。

問：我關心的議題是你回去連結這個日商的網絡，您怎樣跟大陸人建立信任關係？您連結大陸人，又怎樣說服日本人來跟你合作？

答：與大陸人合作絕對要小心，一定要聽其言、觀其行。先合作一點事，看會有什麼反應（試金石），而且要親自去看；且觀察他周邊的人，上層講的話是不是跟下層的執行者做的事連貫在一起，即說到做到，這是我到那邊的看法。但這一定需要時間觀察。而且要拿事件先合作看看，中間一定會產生問題出來，每個人的處理態度是什麼，你大概就抓得到那個人的做事方式是什麼，我的方式是比較謹慎。

問：所以妳的合作對象也是經過篩選，沒有利潤導向。

答：這要看個案而言。當你熟悉大陸一點點情形，必然會發現很多商機存在，也會有人找你幫忙。例如我去東北，他們招商引資，願意付我仲介費；雖然我的領域是醫院、老人，可是他們有地，說有些房地產可以投資。我說好，我幫忙想想辦法做投資案。

問：大陸部分房地產商已經捉襟見肘，你看他們存款準備率拉高，利息也在升。地方政府不想讓房價飆太快，不然下來（換屆）的時候財務會陷入困境。政府要你投資，他們也撈很多。這裡牽涉到一個問題，台灣房地產商，比如說我要借一百億資金，這棟樓押給你，如果他不履行這種借貸關係還債的話，我們可以把這棟樓處分，這棟樓如果可以賣到一百億的話就不用怕，可是在大陸他房子也押給你。他跑掉或是倒掉的話你沒辦法處分這房子，一百億就被套在那裡，沒辦法變現金；台灣我還可以押給銀行貸款，沒法變現你周轉壓力就會大，這兩個概念是

不一樣的。所以我是不建議再把現金投進去，而且他給你的抵押品是有問題的。

答：你十分了解大陸情勢，所以未來抵押品，必然會多元化。

問：現在在大陸有經商活動嗎？

答：我到東北跟他們談老人保健醫院，他們說願意出資金，而我們幫你規劃，請國際團隊來協助他們。後來我跟他們說：這樣好了，妳們不用出資金，但會請一個私募基金策略聯盟協助，讓專業的人去管理。那我團隊過來再來做這件事情大家放心，這件事我目前處理到這樣，這是我目前到大陸去正在處理的案子之一。

問：其實大陸他們不缺錢。他硬體建設強，但管理軟體稍差。

答：對，其實他們要的是外面的經營know-how，他們最缺的就是觀念、軟體系統和服務。

問：你認為台日商合作成功的文化因素有哪些？雙方信任關係怎麼樣來建立？

答：台商與日商有著悠久合作的歷史，思想文化曾經融合在一起，尤其是老一輩的人受日本教育，留日的很多，所以其實已經融合在一起了；甚至有些日本人認為台灣是他們島嶼的延伸，有親切感。早期因為這樣，所以容易溝通，容易溝通就容易成功。這都涵蓋著雙方信任關係如何建立。你說文化背景、做事方式相同，生活行為都相同，在這種條件之下，當然很容易建

立關係。

問：但是這種信任是不是要經過很多互動的過程加以磨合，甚至他們有很多批評的意見，是不是要經過這樣的過程？

答：要取信日本人最快的方法，是用引薦的。其實對我而言，為什麼二十年前可以直接跟日本這樣做事，也是因為我有很得力的引薦人。經過我的引薦人一介紹，發現他們對我就非常的親切。這是最快速的，我本身的經驗是這樣。

信任平台建立關鍵在「人」

問：就是說他有很好的信譽，介紹之後有很多門檻就可以不必經過，降低交易成本。那一般而言，建立合作花的時間比較長、門檻比較高，建立之後就比較順利，這方面能不能再談些具體的經驗？

答：就是說剛開始我認識他們是因為引薦人。

問：是同一個產業的嗎？

答：不同產業，但是是因為引薦人的關係，知道我的做事方法，所以引薦人認識我、認識他們以後呢，他們就相信我。相信我以後呢，他們會拿出問題來，跟我討論這件事怎麼做，我們在台灣面臨什麼樣的問題，你可不可以幫這個忙？然後從此以後，他們想要在台灣做什麼，我都會盡全力幫他們一一完成。

問：就是說你是通過觀念的溝通、問題的解決，來建立信任度。

答：尤其他們什麼事希望做到什麼樣的效果，我一一幫他們實踐，甚至超越他們的標準跟期待。

問：那有沒有就是說，因為在合作的過程中總會有一些摩擦，那這種摩擦是不是可以透過什麼辦法來解決？比如說你的觀念跟他的認知有些差距、產品素質跟他的期待有些差距等等。

答：如果遇到摩擦，我覺得「溝通」非常重要；那如果有些事情他們一直無法理解，我會去想辦法找人事物來佐證給他看。因為日本人有時候思考、想法跟台灣是不一樣的，那我會舉證證明本土是怎麼樣的情形，所以你必須要有人事物來佐證，協助他們明瞭所有狀況。

問：所以你是用日文跟他溝通嗎？

答：我用英文，日本高層人士他們也都用英文。日文我會一點，但是要深談時，我一定說的不順暢。長輩曾告訴我跟日本人相處，講簡單的日文可以把距離拉近，但做事時講日文一定詞不達意，所以長輩就說跟日本人做事講英文就好了。他們比較會因為使用英文而更欣賞你，我發現確實是如此。

問：似乎日本人英文普遍不好？

答：現在留學海外的日本人越來越多，用英文溝通比以前容易多了。

問：那你們所從事的行業別算是生物科技產業嗎？

答：是的，台灣的政府以往沒有人協助，很多同業無法繼續支撐下去。

問：你看人家韓國，政府就支持。

答：包括中國對生物科技都很支持，我們政府稍微慢了些，到現在比較用心點。前陣子政府單位主動打電話給我關心，而且願意提供諮詢和輔導，讓我很感動；雖然跑了很多國家，但是因為我很關心，也很愛這片國土。

問：那你認為台日商這種策略聯盟成功的因素有哪些？

答：台日商合作的成功因素，主要是文化資產、行為模式相同，台灣人親切好客，日本人感受到的是有別於其他國家。舉個例子，日本公司外事部部長曾對我說，當時中國在燒日本國旗。他講一句話，讓我印象非常深刻，他說：「我們日本人在亞洲是孤兒，韓國人不歡迎我們，中國人不歡迎我們，菲律賓人也不歡迎我們，只有台灣人歡迎我們。」我才深刻體會到，台灣對日本人來講是還蠻重要的一個夥伴，這很特別，他的形容很貼切。尤其是這次日本311大地震，台灣人的踴躍捐輸，為世界第二名，更是感動了日本民眾，對未來台日合作奠定良好基石。

台日商夥伴關係具文化與情感連結

問：那成功的因素還有哪些？您認為。

答：做事風格、生活習慣、文化思考背景……等。其實幾乎都很相近，只不過他們做事比較方方正正。譬如欲生產一個杯子，寬五公分，你就不要做成四點九或五點一，這樣對日本人是交代不過去。

問：也就是說很死板？

答：太硬了，而且他們喜歡團隊，有制約效應；台灣人不是，台灣人是提個皮箱天下跑。日本人出遊，一定是一個旗子大家跟著走，很少單獨作業，他是打團體戰。但是團體戰最大的一個問題，大家沒有說同意以前，就不能前進，所以就不動了。為什麼日本經濟十幾年來泡沫一直起不來，曾有專家研究過是因為做事方式較沒有彈性。

問：那你認為有沒有什麼失敗的原因呢？如果說最後談不攏，搞不成功？

答：以日本人的立場，談不攏、搞不成功是日本人想的很深，很多時候呢，他們開會再開會，決策時間太長。另外，台灣人有時候講話答應太快，但是做不到。或有些利用日本人，但是做事不踏實，這是日本人最concern的。早期曾有台灣人跑到NHK門前照一張相，就回台說他們已跟NHK合作，最後日本人還必須想辦法說明真實狀況。早期會做這樣的事，這個點是日本人最

怕台灣人如此的作法，雙方不成功的原因大概是這樣。

問：那311日本大地震的時候，是否有打算規劃海外投資？對他們投資意願的影響或是障礙有哪些？

答：其實我對311他們地震後有沒有分散海外的……就日本珠光會，因為本來他就有在海外合作的規劃，在早期我們就已經採國際合作了。赴台投資是否有更多的意願？有的原因是台灣教育水平高，專業人士有；再加上大陸的市場，希望藉由台灣這平台去大陸，所以為什麼他們都願意把技術給台灣？因為台灣人懂他們，而且台灣人有國際觀。台灣人跟歐美，包括跟中國做生意，比日本人強太多了。所以赴台投資是否有更強的意願，這個確實是有的。

問：那有面臨什麼障礙嗎？

答：對我們生技產業面臨的障礙跟阻力，你看歐美都願意出資給我們了，可是台灣的政策跟公務體系是最大的阻力。生技喊了十幾年，沒有導引，很多家生技公司都燒錢燒到關閉了，早期都是因為政策和公務體系握著權力，說不可以就是不可以，所以大家都沒輒。我們極需政府的協助與輔導。

問：可以舉例談嗎？

答：那天我去CDE（財團法人醫藥品查驗中心），感謝他們所提供的諮詢與服務，大家都期許能給台灣老百姓、年輕人更多的機會，來面對國際的競爭。這個確實需要政府的協助與輔導，而

不是單向的管制。

問：台灣還有法律規範，大陸吸引外資是不擇手段。台灣的是清水衙門，朝九晚五就好，我幫你做那麼多幹什麼？做了還惹上法律的糾紛。所以說政府在這做得太少，應該有一些獎勵的方案出來。當產業成熟之後，獎勵可以慢慢減少。我覺得我們落後太多了，新加坡追的很快，大陸又非常積極投入，十倍百倍於我們投下去，而且他們人才不見得比你差，北大、清大都是十三億人裡最聰明的；如果沒有其他優勢的話，你怎麼去跟人家競爭呢？我們的新興產業跟大陸同質性是非常高的。現在差別也許不大，五年後他把差距拉開了，那幾個關鍵的地方，你有沒有核心技術？

答：這也是日本人為什麼現在不願意去中國，因為他們目前還無法完全信任中國，所以base可能在台灣，可能在新加坡。除非中國我去設一個base，全部是我自己的人。

問：策略聯盟你還可以拉到第三地那邊去，這也是從信任和合作經驗來的。

答：我去東南亞開會面對他們，我對日本理事長說：理事長，我今天飛來這裡的角色，我認為我是來保護你的權益；他回答道：「我要你來加入，是要這些國際人士來幫你。」當時我沒有講很多，但這彼此的默契與信任度，卻讓我很感動。台灣資質非常好，政府應該不要浪費。

ECFA有利產業發展與獲利

問：台灣簽訂ECFA之後，你認為日商對於台灣跟大陸是否產生更積極的作為？

答：ECFA讓我充滿信心與希望。因為ECFA一簽，裡面很多生技藥品產業合作項目，然後我就把報紙這些新聞翻成英文傳送到日本去，告訴他們很多方案都出來了，他們也很認真去研讀。

問：有些要求什麼原產地證明的很麻煩，限制很多，看得到不見得吃得到，表面上的文字和實際操作的過程可能有一些差距，對這些海關的程序、質量的檢驗還需要一點時間磨合。

答：其實中國現在有一些是台灣過去的醫生，然後他們在那裡經營了幾個醫院。最近也是跟我談，我把這個技術跟他們去合作，有專業的醫師去講解，怎麼照顧，如何照護。

問：最後，台日商策略聯盟赴大陸投資面臨何種機遇？

答：我剛才大致都提過一些，我覺得大陸都充滿機會，舉個例子你看台灣百貨公司樓下那些小吃非常精緻，各省甚至各國的小吃都在裡面，機會就在裡面。現在大陸經濟剛起飛，這些都可以連鎖，可以copy。只是說掌握權絕對要在自己的手上。

問：那最可能的挑戰有哪些？

答：在當地選的人才對不對，我覺得這才是最大的挑戰，合作的「夥伴」跟「人才」是關鍵。

問：再有能力，品性很壞就糟糕了。

答：舉我朋友的例子，他是獵人頭公司，在中國六年，一個經理跟了他六年。他本來約我去玩一個月，我沒辦法，結果他就跟朋友去玩一個月。結果一個月後回去上海，他那個經理把他的客戶資料都帶走了，還從他的電腦裡刪除，從此找不到這個人。找對人才、找對夥伴真的是挑戰。

問：總結一下您的經驗或教訓？

答：找對夥伴，本行，本事，本錢。

台日策略聯盟與亞洲商機

藤原弘

（東京中小企業投資育成（股）

商務支援第一部國際商務中心所長）

內文重點

｜台資企業跨國經營企業靈活｜

‧

｜具績效之在地化策略運作｜

‧

｜跨國人才的管理與整合｜

‧

｜日商管理與品質要求對台商影響大｜

‧

｜須重視人才培育和勞務管理｜

　　筆者以往曾經觀察進軍中國之台灣企業，最近嘗試對於進軍泰國的台灣企業之經營現況進行了解。雖然泰國在語言、文化及社會有別於中國市場，但相較於日本企業，台灣企業在泰國也展現出與中國市場同樣的效率化經營。本人訪問了近10家台灣企業，並將他們的經營特色歸納如下：

台資企業跨國經營企業靈活

- 台灣企業的投資似乎集中於中國，實際上台灣企業在投資方面，係整體考量中國和亞洲市場之平衡，關注亞洲市場。
- 台灣企業拓展亞洲市場，其基本戰略為充分在地化及長期居留。
- 許多台灣企業希望引進日本企業的技術，或與日本企業進行合作，導入日本式經營方式及生產設備，展開嚴格的品質管控。
- 進軍泰國的台灣企業經營者，均能使用泰語直接進行勞務管理，相較於進軍泰國的日系企業，較無勞資糾紛。
- 因應當地嚴重的人才不足，台灣企業利用關係（GUANXI），雇用來自泰國東北地區農民，並且運用印度、緬甸、馬來西亞、日本等多國籍人才。
- 銷售策略方面，以日系企業為主要銷售對象，亦銷售給歐美企業等，採取多角化策略。

對於憂心海外人才不足的日本中小企業而言，台日策略聯盟

的關鍵在於開拓中國及亞洲市場時，如何運用台灣人才。下文將
介紹進軍泰國的台灣企業之經營現況。

具績效之在地化策略運用

Food and Drinks Public Company LTD——在地化十分徹底

●重視與日本企業的關係

　　這家泰國工廠的生產設備與麒麟啤酒台灣工廠的設備完全相
同，故品質管理與日本企業同等級。居住於泰國長達40年以上
的李總經理談到：「生產設備方面，使用許多日本製、德國製、
瑞士製等；在經營技巧及技術引進方面，不僅向日本企業學，亦
積極與日本企業合作。」例如：與Nitto Best Corporation公司組
成合資公司，不僅進行豬肉生產、在泰國共同栽培蕃茄，並且與
日本漁業相關企業進行合作。為了生產魚肉，因而從日本購入漁
船，聘僱泰國籍船長，魚肉則透過三菱商事、日水、大洋漁業、
MARUHA進行採購。由於最近日本市場的銷售下降，甚至未達
以往之30%。最後，曾任職於台灣中興大學農水產食品相關系所
助理教授的李總經理，由於他職務上的關係及投入人才培育，因
此引進在越南之台灣企業的越南籍員工，並進行訓練。筆者在工
廠內看到了這些越南籍員工，為因應未來不斷惡化的泰國勞動力
不足之情況，採行運用多國籍人才策略。

跨國人才的管理與整合

在地化策略進軍泰國──JINPAO PRECISION INDUSTRY CO., LTD

●運用多國籍人才

　　本公司在中國吳江和泰國THANA CITY有工廠,這兩家工廠內使用日本製機器,採用日本式品質管理。在泰國工廠生產2000種零件,正是多樣少量生產的典型。因為最近板金生產需求擴大,因此生產由中國擴大至泰國。鍾國松總經理表示:「過去20年來,在泰國常常上當受騙的遭遇頗多」,顯示在泰國經營的困難度。鍾總經理對於泰國人之看法較為悲觀,以他在泰國居住20年之經驗表示:「泰國人不講信用。泰國人幫助泰國人,但不會幫助外國人。」詢問其人才配置時,他表示除了聘用台灣人及泰國人外,模具設計部門聘用了菲律賓、馬來西亞等技術人員,其他部門也聘用了澳洲人和日本人。該公司有別於日本企業,注重能力主義,聘僱員工不會因為國籍不同,這也是在泰國商務成功的關鍵。該公司的內部會議不透過翻譯人員翻譯,而以泰語進行。該公司所有員工都必須學習泰語,學習泰語為不可或缺的條件。鍾國松總經理連續20年學習泰語,雖然無法讀寫,但是口語表達沒有問題。總經理還說:「有一位到公司任職長達4年的日本籍員工,因為泰語能力不佳,我還曾考慮無法錄用他呢。」總經理覺得日本和印度的商務人士,身在泰國卻沒打算積極學習泰語。

●發揮在地化精神

鍾總經理以往數次打算與日本企業合資或於技術面合作，但沒能成功。鍾總經理對於日本企業的板金、切削技術給予高度評價，由於該領域的技術不足，未來可能打算與同行的日本企業合作。但對於在泰國之日本企業在勞務管理方面，卻評價不佳。

筆者詢問鍾總經理：「在泰國的日資企業，其薪資高於台灣企業，福利也較好，但為何經常發生罷工？」，他回答如下：

「日本商務人士不學泰語，太依靠翻譯。泰國人的翻譯不正確，無法充分傳達日本企業的想法。相較於此，台灣企業的台籍總經理與員工直接接觸，說明公司經營方針，直接傾聽他們所面臨的問題，提出解決方案，所以沒有罷工情況。」

台灣人只要接獲海外赴職的命令，就開始學習當地語言，無論身處何種環境，都全力投入在地化，即有著蟑螂精神。不過，最後鍾國松總經理說道：「這種蟑螂精神也從台灣移往中國。台灣也像日本一樣，正慢慢喪失這種蟑螂精神。」

日商管理與品質要求對台商影響大

提供日系汽車・家電商零件的台灣企業——
HOO CHIN ELECTRONICS CO., LTD

●在泰國與中國展開兩面作戰

該公司生產線束、各種電線、電源線，以及PCB組裝。該公司在泰國Samutprakarn和Purachinburi設有工廠。泰國以外之地

區，在中國昆山也設有工廠；如同其他台灣企業一般，在中國設廠面向全球市場，於泰國設兩廠成為亞洲生產據點，吸引日本車廠、電子相關企業。該公司的客戶有Benchmark Electrics（Thailand）Co., LTD、Fujitsu Ten（Thailand）Co.等美國及日本企業之外，也擁有Delta Electronics（Thailand）Public Co., LTD 等台灣企業客戶。此外，張總經理透露該公司也出貨給豐田汽車，為滿足日系企業的品質要求，對於零件採購和品管相當用心。張總經理表示，最近松下的技術人員來公司檢查工廠生產線，令人感到該公司未來有可能提供零件給松下。

●透過當地零件採購，降低成本

該公司所生產的各種線束在當地採購零件，採購率方面除了中國工廠外，來自美國、日本、台灣的進口零件為20%，當地的採購率為80%。零件之採購，由於他們對於零件供應方之品質要求嚴格，主要以日系企業、台灣企業為主，不過也積極發掘泰國當地企業。該公司在品質管理系統方面，將生產部門細分，由員工進行品質管理，將生產線出現的製品不良品發生率控制於1.7%。當然，生產線所生產完成的製品最終檢查，由30~40名人員所組成的品質管理部進行最後把關。即便如此，日本顧客還會針對品質有所要求。

一般而言，台灣企業為達到日本企業對於品質管理之極高要求，十分辛苦。特別是佳能公司，每週都有品質管理相關之要求，其中對於掃描機、印表機相關之品質要求較多成為特色。當然，為達到品質管理要求，必須對生產線進行相當規模之投資。該公司引進Full Automatic Terminal Crimping Machine等接近全

自動化之生產設備，避免因作業員手工操作出現失誤，因應日系企業對於品質的要求。此外，針對從日系企業採購零件，張總經理表示：「日本企業100泰銖的零件，可以賣給台灣企業110泰銖。」雖然從日本企業採購零件，其品質很好，但由於價格過高，該公司將採購轉向泰國當地工廠，或是在泰國的中國企業，以及中國大陸及鄰近國家。亦即採取多角化採購作為。

須重視人才培育和勞務管理

泰籍員工之勞務管理關鍵為，依業績不同分為ABCD 四階段。此外，設定各作業員的目標，展開勞務管理。此時必須注意的是與泰國員工的人際關係。無論工作表現如何，顧及泰國員工面子十分重要。否則溫和的泰國員工就會展開罷工及各種激烈的行動。泰籍員工訓練的關鍵在於著重製造品質，該公司針對進泰籍員工進行為期3個月，每天40分鐘的訓練。有時一天的訓練時間長達6~8小時。泰國人為佛教徒，雖然不會激烈反抗，較易管理。但是他們有別於台籍員工，會坐在桌上聊天，也有勞務管理方面較難因應的一面。

論　壇　10

INK PUBLISHING ECFA與台日商策略聯盟：經驗、
案例與展望——菁英觀點與訪談實錄

主　　編	林祖嘉、陳德昇
發 行 人	張書銘
出　　版	**INK** 印刻文學生活雜誌出版有限公司
	23586新北市中和區中正路800號13樓之3
	電話：(02)2228-1626
	傳真：(02)2228-1598
	e-mail：ink.book@msa.hinet.net
	網址：http://www.sudu.cc
法律顧問	漢廷法律事務所 劉大正律師
總 經 銷	成陽出版股份有限公司
	電話：(03)271-7085（代表號）
	傳真：(03)355-6521
郵撥帳號	1900069-1 成陽出版股份有限公司
製版印刷	海王印刷事業股份有限公司
	電話：(02)8228-1290
出版日期	2011年9月
定　　價	260元
ISBN	978-986-6135-48-4

國家圖書館出版品預行編目（CIP）資料

ECFA與臺日商策略聯盟：經驗、案例與展望：菁
英觀點與訪談實錄／林祖嘉，陳德昇主編. --
新北市：INK印刻文學, 2011.09
　240面；17×23公分. --（論壇；10）

ISBN 978-986-6135-48-4（平裝）

1.兩岸經貿　2.策略聯盟　3.文集　4.臺灣　5.日本

558.5207　　　　　　　　　　　100016433